Beginner's

MAORI

T0268470

Beginner's

MAORI

K. T. Harawira

HIPPOCRENE BOOKS
New York

Originally published by Coulls Somerville Wilkie Ltd, New Zealand.

Hippocrene paperback edition, 1997.

For information, address:
HIPPOCRENE BOOKS, INC.
171 Madison Avenue
New York, NY 10016

ISBN 0-7818-0605-4

Printed in the United States of America.

FOREWORD

By T. R. Buxton, M.A., Dip. Ed.
(District Vocational Guidance Officer)

The Reverend K. T. Harawira is already well known to many thousands of Maori people. After serving in the First World War as a combatant soldier, he returned to New Zealand and studied for ordination as a minister of the Church of England. In World War II he was the first "padre" of the Maori Battalion. On his return to New Zealand he was appointed to the staff of the Auckland Vocational Guidance Centre and became the first, and so far, the only Maori Vocational Guidance Officer.

BEGINNER'S MAORI reflects his keen interest in all things Maori, particularly his enthusiasm for the preservation of the beautiful and expressive Maori language. It has been born of his experience over a period of years, as a teacher of the language. Both he and his pupils have felt the need for an elementary Primer that could be used before the more advanced existing textbooks; admirable as they are, they were found somewhat difficult for those with no knowledge of the Maori language.

His object in writing this book has been to bridge this gap by producing a Primer suitable for use in not only Primary and Post-Primary Schools, but also by all who would wish to attain a sufficient knowledge of the Maori language to enable them to appreciate and enjoy more fully the meaning of the songs, hakas and poi dances which are such a rich feature of Maori culture. The understanding of Maori place-names, and of the Maori names of our native trees, plants and birds should be encouraged, if we wish to preserve much that is worthwhile.

Mr. Harawira has special qualifications for the task he has set himself. He holds the "A" Grade Maori Interpreters' Licence and has been for several years Examiner for Auckland University College in Oral Maori. He has placed particular emphasis on correct pronunciation, and has also supplied a wealth of examples to illustrate and lend interest to each lesson. This book, I am certain, will appeal to Maori and Pakeha alike —perhaps a suitable sub-title would be "Maori Without Tears," as the author has succeeded in producing a Primer that cannot fail to arouse and hold the interest of all students of the language.

Mr. Harawira realises, as do other leaders of his race, that the future of the Maori people is bound up with that of the Pakeha people of New Zealand. The New Zealander of the future will be a product of the blending of our peoples of both Polynesian and Anglo-Saxon blood. In this blending it is to be hoped that the assimilation of what is best in both cultures can be realised. I can commend the present volume, if for no other reason than that, in its own sphere, it provides one of the ways by which this assimilation can be encouraged.

T. R. Buxton

Auckland
January, 1950

CONTENTS

AN APPRECIATION

I would like to express my thanks to Miss C. E. Rose, who handled the unenviable task of typing, checking and re-checking the MS of this book. Throughout its compiling she has been a very great help, and her work is greatly appreciated.

K. T. HARAWIRA

CHAPTER I

PRONUNCIATION

The simplicity of Maori pronunciation can readily be appreciated when the student is informed that there are only 15 letters in the Maori alphabet, as against 26 in the English.

They are divided into:—

  (a) Five vowels: a, e, i, o, u.

  (b) Eight consonants: h, k, m, n, p, r, t, w.

  (c) Two digraphs: wh, ng.

All Maori sounds are governed by the *Vowel* sounds. Each vowel may be *long* or *short*, but it must not be varied. When two vowels come together in a word, each must be given its own sound. By way of comparison, take the sounds of the letter "a" in the following English words:—

      hay   at   all   another

In each case "a" has a different sound. In Maori there is *no variation*.

The following are the sounds:—

a as in far	(long)	*about*	(short)
e „ „ bed	„	enter	„
i „ „ sheep	„	dip	„
u „ „ boot	„	put	„

The vowel ō in Maori is difficult to pronounce correctly, as the English ō is really a combination of the sounds ō and ü—In Maori the ō is clipped, more like the *aw* sound in the word *awful*, or the vowel sound in the word *pork*. Care must be taken not to introduce a second vowel into the sound.

Place a consonant before any vowel:—

p	before	a		pa	sound	pah
h	„	i		hi	„	he
m	„	u		mu	„	moo
k	„	o		ko	„	kaw
				(clip the vowel sound)		
t	„	u		tu	„	too

Practise the following, always remembering the vowel sounds:

a	e	i	o	u
ha	he	hi	ho	hu
ka	ke	ki	ko	ku
ma	me	mi	mo	mu
na	ne	ni	no	nu
pa	pe	pi	po	pu
ra	re	ri	ro	ru
ta	te	ti	to	tu
wa	we	wi	wo	wu
nga	nge	ngi	ngo	ngu
wha	whe	whi	—	—

It will be seen that every sound in the Maori language is contained in the above table.

Two sounds that need great care are *wh* and *ng*. *Wh* is *not* sounded as *f* in English. In Tahiti and other islands *f* is very commonly used, hence its inclusion in their alphabets. It would have been a very easy matter to have included it in the Maori alphabet if it were considered necessary.

Wh.—Say the English word *what*, then say it without the *t* at the end, and you will have as near as possible the correct sound of *wh*, e.g.:—

> *Wha-ka-ta-ne*   *Wha-ka-ki*

Say the English word *when*, then say it without the *n* at the end, e.g.:—

> *Whe-nu-a-pa-i*   *Whe-ʄu-ma-ra-ma*

Say the English word *whip*, then say it without the *p* at the end, e.g. :—

Whi-ri-na-ki   *Whi-ti-a-nga*

Ng.—This is pronounced as in the English word *hangar*, without the *ha* at the beginning, or the word *singing*, omitting the *s* and the two vowels.

Wha-nga-mo-mo-na   *Wha-nga-ra*
Wha-tu-whi-whi   *Ngo-ngo-ta-ha*
Wha-nga-re-i   *Wha-nga-nu-i*

VOCABULARY

ngaru	-	wave (of the sea)
ngaro	-	perish, lost, disappear
ngeru	-	cat
ngira	-	needle

THE LONG VOWEL

In pronouncing the vowels great care should be taken that the *long vowel* is formed simply by *lengthening* the sound of the short vowel, at the same time maintaining its purity; that is to say, without the slightest trace of deflection or gliding into the sound of another vowel, as in the case of:—

o and *u* - *ou*   or   *e* and *i* - *ei*

The *doubling* of a vowel amounts simply to a lengthening of its sound.

Repeat the following:—

taa	tae	tai	tao	tau
toa	toe	toi	too	tou
tea	tee	tei	teo	teu
tia	tie	tii	tio	tiu

Remember each vowel has but *one sound*, but may *vary in length*.

CAUTION

Be careful always to give each vowel its own sound—to avoid confusion between *ae* and *ai*, as in the words:—

waewae	and	waiwai	he	and	hei
ao	„	au	tao	„	tau
o	„	ou	koko	„	koukou
ou	„	u	koutou	„	kutu

CONSONANTS

The *consonants* always stand singly, and every syllable ends with a vowel.

Practise:—

Ka-ra-nga-ha-pe	Ta-u-ma-ru-nu-i
Whe-nu-a-pa-i	Ti-ti-ra-ngi
O-to-ro-ha-nga	O-ne-hu-nga
Ro-to-ru-a	Pa-pa-to-e-to-e
Ho-ki-ti-ka	Nga-ru-a-wa-hi-a
O-wa-i-ra-ka	Pi-pi-ri-ki
Te-A-wa-mu-tu	A-o-te-a-ro-a
Pa-e-ka-ka-ri-ki	O-ta-hu-hu

By far the commonest mistake made by beginners is the pronunciation of *ei*. Very often these two letters come together in one word. *Remember* that each has its own sound:—

e	-	eh	as in *enter*
i	-	ee	as in *sheep*

Together, *ei* or *eh-ee*—then you will have a sound something like *ay*.

VOCABULARY

tenei	-	this	sound	like	te-nay
enei	-	these	„	„	e-nay
ranei	-	or	„	„	ra-nay
heihei	-	fowl	„	„	hay-hay

Memorise:—

> Ka mate, ka mate, ka ora, ka ora.
> Ka mate, ka mate, ka ora, ka roa.
> Tenei te tangata puhuruhuru
> Nana i tiki mai whakawhiti te ra.
> Hupane ! kaupane ! hupane ! kaupane !
> Whiti te ra !

Ringa pakia, waewae takahia kia rite
E kino nei hoki - Ringaringa i torona kei waho mau tonu,
Tau ka tau, hei - Tau ka tau, hei - Ki runga o Tamaki
Whangaia mai ra.
Nge-nge-nge ara-tu ara-ta, aratau.

WORDS COINED FROM THE ENGLISH

Just as there are many English words made up from other languages, so there are many Maori words made up from the English. There were many things that the Maori had never seen before the European came to New Zealand, so they listened carefully to the names they gave to these things, then they tried to repeat the words.

Some of them we use every day:—

hoiho	- horse	hu	- shoe	paraoa	- bread
kau	- cow	pouaka	- box	rohi	- loaf
hipi	- sheep	taone	- town	pata	- butter
poaka	- pig	pepa	- paper	miraka	- milk
raiona	- lion	tokena	- stocking	huka	- sugar

THE TWO ARTICLES

		Definite	*Indefinite*
English	-	The	A
Maori	-	Te (singular)	He
		Nga (plural)	—

Examples:—

The horse	will be	Te hoiho
A horse	will be	He hoiho

As there is no "S" in Maori, the number of a common noun is generally denoted by the number of the definitive in connection with it.   Therefore:—

	The horses		will be	Nga hoiho	
a hat	-	he potae	the hats	-	nga potae
the book	-	te pukapuka	the books	-	nga pukapuka
a dog	-	he kuri	the dogs	-	nga kuri
the tree	-	te rakau	the trees	-	nga rakau
a house	-	he whare	the houses	-	nga whare
the man	-	te tangata	the men	-	nga tangata

The nouns have *no inflections* nor any distinctions of *gender*.

CHAPTER II

ADJECTIVES

Let us now take the two English Demonstrative Adjectives
"this" and "that."

this	- -	tenei
that	- -	tena
that	- -	tera

You will notice that there are two Maori words for "that,"
tera and *tena*.

Tena is used when you are speaking about something *near the
person spoken to*.

Tera is used when you are speaking about something *away
from both of you*.

Examples:—

tenei potae	-	this hat (near the speaker)
tena potae	-	that hat (near the person spoken to)
tera potae	-	that hat (away from both)

For the plural again we do not change the word *potae*, but
the definitive in connection with it, e.g.:—

Tenei into *enei*, just as you had to change the definite article
te into *nga* for the plural.

You will notice also that the change in this case was made
simply by leaving the letter "t" out of the word *tenei*. The same
applies to the words *tena* and *tera*, the plurals being *ena* and
era.

Now let us try some simple sentences from these words:—

Tenei he potae.   Tera he potae.

This a hat.   That a hat.

N.B.—There is no equivalent to the verb "to be" in Maori,
so in the above translations we supply the verb to complete the
sense in English.

Tenei hè potae.   Tera he potae.

This *is* a hat.   That *is* a hat.

Plural:

Enei he potae	Era he potae.
These *are* hats.	Those *are* hats.

Alternative:

Enei nga potae.	Era nga potae.
These *are* the hats.	Those *are* the hats.

Words which are treated in the same way are:—

penei	- -	like this.
pena	- -	like that, or in that manner.
pera	- -	like that, or in that manner.
konei	- -	this place, here.
kona	- -	that place, (near you).
kora	- -	that place, (away from both).

Examples: --

Tenei whare penei i tera -	This house is like that one. (over there).
Kia pena te mahi ka pai -	If you work like that it will be good. (If like that the work it will be good).
Kei konei te potae - -	Here is the hat. (At this place the hat).

VOCABULARY

We will now have a few simple adjectives:—

good	- -	pai	bad	- -	kino
big	- -	nui	small	- -	iti
new	- -	hou	old	- -	tawhito
clean or white		ma			

Examples: —

He ingata pai tera.
A man good that.
That is a good man.
He pukapuka tawhito tena.
A book old that.
That is an old book (near the person spoken to).

He potae hou tenei.
A hat new this.
This is a new hat.

N.B.—It will be observed that certain Adjectives form the plural by *doubling* the first syllable, e.g.:—

A long spear	- -	He tao *roa.*
Long spears	- -	He tao *roroa.*
The long spear	- -	Te tao *roa.*
The long spears -	-	Nga tao *roroa.*
A large house	- -	He whare *nui.*
Large houses	- -	He whare *nunui.*
The large house -	-	Te whare *nui.*
The large houses -	-	Nga whare *nunui.*

TRANSLATION

—Exercise No. 1—

1 The new hats.
2 That is a big house.
3 This is a good book.
4 That is an old loaf.
5 This hat, those hats.
6 That is a white horse.
7 This is a small hat.

8 He pukapuka tawhito tenei.
9 He taone nui a Akarana.
10 He hipi era.
11 Kei kona te tangata.
12 Kei kora nga pukapuka.
13 Kia pera te mahi ka kino.
14 Tenei rakau penei i tena.

VOCABULARY

Akarana	-	Auckland	tamaiti	-	child
haere	-	go (imperative)	tao -	-	spear
homai	-	give (me)	tikina	-	fetch (passive)
hoatu	-	give (him)	tini -	-	many
mahi	-	work	tino -	-	very

ACCENTS

(1)   As a general rule, accentuate the *first* syllable, e.g.:—
       Tenei   enei   potae   kakahu

(2)   In words beginning with the causative prefix "whaka," accentuate the *third* syllable, e.g.;—
       Whakamutu - make an end of.

(3)   When the last two syllables of a three-syllable word are doubled, accent the *first* syllable, and slightly emphasise the second and fourth, e.g.:—
       Aniwaniwa - rainbow.   kuraruraru - perplexed.

(4)   In certain nouns the vowel is LENGTHENED with the change from Singular to Plural, e.g.:—

Te matua	-	Nga *m*atua	-	The parents
te tupuna	-	nga *t*upuna	-	the ancestors
te tangata	-	nga *t*angata	-	the men
te wahine	-	nga *w*ahine	-	the women
te tuahine	-	nga tu*a*hine	-	the sisters (of a man)
te tuakana	-	nga tu*a*kana	-	the elder brothers
te teina	-	nga teina	-	the younger brothers
te tamahine	-	nga *t*amahine	-	the daughters

N.B.

The word Teina is used by (1) a Boy when speaking of his younger Brother.   (2) a Girl when speaking of her younger Sister.

The word Tuakana is used by (1) a Boy when speaking of his older Brother. (2) a Girl when speaking of her older Sister.

The word Tuahine is used by—a Boy when speaking of his Sister.

The word Tungane is used by—a Girl when speaking of her Brother.

CHAPTER III

PERSONAL PRONOUNS

While in English the Personal Pronouns have Two Numbers, Singular and Plural, in Maori they have THREE, Singular, Dual, and Plural. In order to facilitate memorising these, they are tabulated as follows:—

SINGULAR

Ahau or au - I, me

He tangata ahau.
A man   I   - I am a man.
Homai ki ahau.
Give to me   - Give it to me.

Naku or Noku - Mine, belonging to me.

Naku tenei pukapuka.
Mine this book   - This book is mine.
Noku tera whare.
Mine that house   - That house belongs to me.

Maku or Moku - For me

Maku tena pukapuka.
For me that book   - That book is for me.
Moku tenei waka.
For me this canoe   - This canoe is for me.

Taku or Toku - My

Homai taku pukapuka.
Give my book   - Give me my book.
Homai toku waka.
Give my canoe   - Give me my canoe.

Koe - You

Ko koe te tangata.
You   the man   - You are the man.
Haere koe.
Go   you   - You go.

        Nau or Nou - Yours, belonging to you

Nau tena pukapuka.

Yours that book   - That book is yours.

Nou tera whenua.

Yours that land   - That land is yours.

        Mau or Mou - For you

Mau enei hipi.

For you these sheep   - These sheep are for you.

Mou tenei whare.

For you this house   - This house is for you.

        Tau or Tou - Your

Tenei tau pukapuka.

This your book   - This is your book.

Tera tou waka.

That your canoe   - That is your canoe.

        Ia - He, him, she, her

Ko ia te tangata.

He   the man   - He is the man.

        Nana or Nona - His, hers, belonging to him

Nana tenei pukapuka.

His this book   - This book is his.

Nona tera whare.

Hers that house   - That house belongs to her.

        Mana or Mona - For him, her

Mana tera kuri.

For her that dog   - That dog is for her.

Mona tenei whenua.

For him this land   - This land is for him.

        Tana or Tona - His, her

Tana pukapuka tenei.

Her book   this   - This is her book.

Tona waka tena.

His canoe that   - That is his canoe.

CHAPTER IV

PERSONAL PRONOUNS

DUAL

Taua - We, us (you and I)

Haere taua.
Go   you and I   - Let us go. (you and I).

Na taua - Belonging to us
No taua   (you and I) ours

Na taua tenei pukapuka.   - This book is ours.
Ours   this book.   (belongs to you and **me**).
No taua nga kakahu   - The clothes are ours.
Ours   the clothes.   (belong to us, you and **me**).

Ma taua - For us (you and me)
Mo taua

Ma taua tera rakau   - That tree is for us (you
For us that tree.   and me).
Mo taua tenei rongoa   - This medicine is for us.
For us this medicine.   (you and me).

Ta taua - Our (your and my)
To taua

Tikina ta taua pukapuka.
Fetch your and my book   - Fetch our book.
Homai to taua waka.
Give our   canoe   - Give me your and my
                                  canoe.

Maua - We, us (he and I.)

Tenei maua.
This we   - Here we are. (he and I).

Na maua - Ours, his and mine
No maua   belonging to us (him and me)

Na maua tena hipi.   - That sheep belongs to **us**.
Ours   that sheep.   (is ours, his and mine).

No maua te whare.   - The house is ours. (belongs
Ours the house.   to her and me).

            Ma maua   -   For us, for him or her and me
            Mo maua
Ma maua ena hipi.   - Those sheep are for us.
For us those sheep.   (him and me).
Mo maua enei potae.   - These hats are for us. (him
For us these hats.   and me).

            Ta maua   -   Our, his or her and my
            To maua
Ta maua mahi tenei.
Our work   this   - This is his and my work.
To maua whenua tera   - That is her and my
Our   land   that.   (our)land.

                    Korua   -   You two
Haere korua.
Go   you two   - You two go.

            Na korua   -   Yours, belonging to you two
            No korua
Na korua tenei mahi   - This work is yours.
Yours   this work.   (belongs to you two).
No korua ena waka   - Those canoes belong to
Yours   those canoes.   you two.

            Ma korua   -   For you two
            Mo korua
Ma korua tenei mahi.
For you two this work   - This work is for you two.
Mo korua enei tokena   - These stockings are for
For you   these stockings.   you two.

            Ta korua   -   Your (two)
            To korua
Tenei ta korua pukapuka.
This your   book   - This is your book.
Tenei to korua matua.   - Here is your father.
This your father.   (two of you).

Raua - They, them (two)

Tino pai raua   - They are very good.
Very good they.   (those two are very good).

Na raua - Theirs, belonging to them (two)
No raua

Na raua tera tamaiti   - That child is theirs. (two)
Theirs that child.   (belongs to them).
No raua enei hu   - These shoes belong to
Theirs these shoes.   them. (two).

Ma raua - For them (two)
Mo raua

Ma raua enei heihei.
For them these fowls   - These fowls are for them.
Mo raua ena potae   - Those hats are for them.
For them those hats.   (two of them).

Ta raua - Their (two)
To raua

Tino pai ta raua mahi.
Very good their work   - Their work is very good.
Tino nui to raua whare.
Very big their house   - Their house is very big.

CHAPTER V

PERSONAL PRONOUNS

PLURAL

Tatou - We, us, you and I

Haere tatou ki Paihia	- Let us go to Paihia.
Go us to Paihia.	(let all of us go).

Na tatou - Ours, yours and mine, belonging to all of us
No tatou

Na tatou enei hipi.	
Ours these sheep	- These sheep are ours.
No tatou tena whenua	- That land belongs to us.
Ours that land.	That land is yours and
	mine.

Ma tatou - For us, you and me
Mo tatou

Ma tatou enei kai	- These food are for us.
For us these food	(this food is for us).
Mo tatou tera whare	- That house is for us. (for
For us that house.	you and me, all of us).

Ta tatou - Our, your and my
To tatou

Tino pai ta tatou mahi.	
Very good our work.	- Our work is very good.
Tino nui to tatou waka.	
Very large our canoe	- Our canoe is very big.

Matou - We, us, they and I

Tenei matou.	
This (or here) we.	- Here we are.

Na matou - Ours, theirs and mine, belonging to them
No matou   and me

Na matou enei tao	- These spears belong to
Ours these spears.	them and me. (to us).

No matou tenei whare.
Ours   this house.   - This house is ours.

      Ma matou - For us, them and me, all of us
      Mo matou
Ma matou era tao   - Those spears are for us.
For us   those spears   (them and me).
Mo matou ena kakahu   - Those clothes are for them
For us those clothes.   and me. (all of us).

      Ta matou - Our, their and my
      To matou
Ta matou mahi tenei.
Our   work this.   - This is our work.
To matou waka tenei   - This is their and my canoe.
Our   canoe this

      Koutou - You (all of you)
Haere koutou.
Go   you   - You go. (all of you go).

      Na koutou - Yours, belonging to all of you
      No koutou
Na koutou enei kau   - These cows belong to you.
Yours   these cows.
No koutou ena tokena   - Those stockings are yours.
Yours those stockings.   (all of you).

      Ma koutou - For you (all of you)
      Mo koutou
Ma koutou enei hipi   - These sheep are for you.
For you   these sheep.
Mo koutou tena rongoa   - That medicine is for all
For you that medicine.   of you.

      Ta koutou - Your (all of you)
      To koutou
Ta koutou mahi tenei.
Your   work this   - This is your work.
To koutou whare pai.
Your house good   - Your good house.

Ratou - They, them, all of them

Tino tini ratou.
Very many they   - They are very many.

Na ratou - Theirs, belonging to all of them
No ratou

Na ratou tenei.
Theirs this   - This is theirs.
No ratou tenei whare   - This house belongs to all
Theirs this house.   of them.

Ma ratou - For them
Mo ratou

Ma ratou tenei.
For them this   - This is for them.
Mo ratou tenei waka   - This canoe is for all of
For them this canoe.   them.

Ta ratou - Their
To ratou

Tino pai ta ratou mahi   - Their work is very good.
Very good their work
To ratou rongoa   - Their medicine.

Wai - Who

Ko wai tena?
Who   that.   - Who is that?

Na wai - Belonging to whom
No wai

Na wai tenei pukapuka?   - Whose book is this?
To whom belongs this book.   (specifying a certain book).
No wai tena whare?   - To whom does that house
Belonging to whom that house.   belong?

Ma wai - For whom
Mo wai

Ma wai tenei pukapuka?   - For whom is this book?
For whom this book?
Mo wai ena waka?   - For whom are those canoes?
For whom those canoes.

Ta wai   -   Whose
To wai

Ta wai pukapuka?   - inferring   "Whose book
Whose book.   do you mean?"
                         - not any specific book.
To wai whenua?   - Whose land?

SELF

AKE AND ANO

"Ake" used with the pronoun expresses SELF.

If "Ano" is added, it gives more emphasis, e.g.:—

Ahau ake	- I myself.
Koe ake	- You yourself.
Ia ake	- He himself.
Ahau ake ano	- I myself. (with added emphasis).
Koe ake ano	- You yourself ,, ,,
Ia ake ano	- He himself ,, ,,

"Ake" and "Ano" used with the Possessive express OWN.

Naku ake ano	- My very own.
Nana ake ano	- His very own.
Ta ratou ake ano	- Their very own.

N.B.   The Specific Particle "Ko," as used in the preceding exercises, signifies Present Tense, and is used in place of the verb "to be." It has also a variety of other uses, which are explained in a later lesson.

CHAPTER VI

RULES FOR THE USE OF "A" and "O"

At this stage it is very important that the student should understand thoroughly the difference between the use of "A" and "O," which applies also to na, no; ma, mo; ta, to; taku, toku; etc., in the previous lesson on Personal Pronouns.

The following table should be memorised:—

A *is used in speaking of:—*

1. Transitive actions. (Works accomplished or in progress).
2. Movable properties, instruments.
3. Food.
4. Husband, wife, children, slaves, etc.

O *is used in speaking of:—*

1. Intransitive actions.
2. Parts of anything, names, qualities.
3. Feelings.
4. House, land, canoe.
5. Inhabitants.
6. Water for drink, medicine, clothes.
7. Parents and other relations.

Examples:—

What is that?	He aha tena?
A book.	He pukapuka.
For whom?	Ma wai?
For him.	Mana.
Give me your hand.	Homai tou ringaringa.
This is your dog.	Nau tenei kuri.
This house is for us.	Mo tatou tenei whare.
Give us your canoe.	Homai ki a matou tou waka.
That is your hat.	Nou tena potae.

These are your food.	Nau enei kai.
That book is mine.	Naku tena pukapuka.
That book is for me.	Maku tena pukapuka.
That hat is mine.	Noku tena potae.
That hat is for me.	Moku tena potae.
Give me some water to drink.	Homai he wai moku.
That slave is for you.	Mau tena pononga.
Those clothes are for you.	Mou ena kakahu.

VOCABULARY

He aha	-	What	rongoa	-	medicine
kai	-	food	wai	-	water
kakahu	-	clothes	waka	-	canoe
pononga	-	slave	whenua	-	land
ringaringa	-	hand			

N.B.

In connection with "kai," "food," we use a plural definitive.

CONVERSATION

Friend	E hoa
How do you do?	Tena koe?
How are you?	E pehea ana koe?
Very well	Kanui te pai *or* Tino pai
Come here	Haere mai
Go away	Haere atu

TRANSLATION

Exercise No. 2(a)

1 Ko ia tenei.
2 Homai taku pukapuka.
3 Nana tenei tamaiti.
4 He rakau pai tana.
5 No taua tenei waka.
6 Homai ta taua pukapuka.
7 No maua enei kakahu.
8 Homai ta maua pukapuka.
9 Na korua tenei kuri.
10 Na raua tera tamaiti.
11 Ta raua tamaiti.
12 Na tatou tenei mahi.
13 Tikina to tatou waka.
14 Mo koutou tera whare.
15 Mo ratou era kakahu.
16 Naku tenei pukapuka.
17 Nau enei rakau.
18 Mona tera whare.

19 Haere taua ki Tauranga.   25 Ma matou enei tao.
20 Ma taua enei kuri.   26 Haere taua ki Rotorua.
21 Homai ki a maua te waka.   27 Ma matou tena mahi.
22 Mo korua tenei whare.   28 Na koutou enei rakau.
23 Homai ena ma maua.   29 Na ratou era rakau.
24 Ta korua tamaiti tera ?   30 Mo wai enei potae ?

Exercise No. 2(b)

1 Give me his hat.   7 That is her dog.
2 This canoe is for me.   8 That (over there) is your
3 That house belongs to us   (sing.) dog.
   (two).   9 Is that your (sing.) hat?
4 Give me their (two) book.   10 This canoe belongs to us
5 That work is for us (you   (them and me).
   two and me).   11 Fetch your (plural) cow.
6 Those are their (plural)   12 These are our (their and
   spears.   my) clothes.

NOMINAL PREFIX

(1) The Particle "a" is used before the names of persons or
months, and the pronouns "wai" and "mea":—

   (a) When they stand as subject in a sentence, e.g.:—
He rangatira nui *a* Tamati   Tamati Waka Nene was a great
Waka Nene   -   -   -   chief.
Tino wera *a* Pepuere -   -   February is very hot.
Ki *a* wai tenei?   -   - Who is this to?

   (b) When they are repeated by way of explanation, e.g.:
Ka hoki taua tangata, *a*   When that man, Hongi
Hongi   -   -   -   -   returned.

   (c) When they follow any of the prepositions ki, i, hei,
       kei, e.g.:—
Hoatu te tao ki a Turi   -   Give the spear to Turi.
I a wai te tao a Turi?   -   Who had Turi's spear?
Kei a wai te pukapuka?   -   Who has the book?
Hei a Hone e haere. -   -   John will be the one to go.

(2)   It is used with personal pronouns except "ahau":—

(a) When they follow the prepositions ki, i, hei, kei, e.g.:

Kanui taku aroha *ki a* koe -   My love for you is very great.
I a ia te pukapuka -   -   He had the book.
Kei a matou nga waka   -   We have the canoes.
Hei a ratou nga tangata mo   They will be the men for the
te mahi   -   -   -   -   work.

(b)   When they are repeated by way of explanation, e.g.:

He pukapuka enei *ki a* ia, *ki*   These are the books to (for)
a au, *ki a* ratou -   -   -   him, for me, for them.

N.B.
   Although the expression "ki a au" is strictly correct, through common usage it has gradually become slurred until usually the phrase "ki au" is used in general conversation.

(3) It is used with the name of a place or local noun, *only* when it stands as subject in a sentence, or is repeated by way of explanation, e.g.:—

He taone *a* Poneke. *A* hea?   Wellington is a town. Which?
A Poneke -   -   -   -   (place) Wellington.
Ka ua *a* runga -   -   -   It is raining up above.

CHAPTER VII

SIMPLE PREPOSITIONS

Scarcely any other part of Maori is more worthy of attention than the Prepositions. In no other language is their power so extensive. Apart from their common function as ordinary Prepositions, they serve to express those relations which in some languages are usually denoted by the different endings of the nouns. They extend their influence still further, and are, in many instances, of material importance in determining the *time* of the sentence in which they are placed.

They are SIMPLE and COMPLEX.

SIMPLE PREPOSITIONS

A: of, belonging to

Te pukapuka *a* Hine -   -   The book of Hine.

A: at, future time

A hea koe ka tae mai -   -   What time will you arrive?

A: until

E noho *a* po noa   -   -   Remain until night time.

A: after the manner of

Haere *a* maia   -   -   -   Go after the manner of a brave.

O: of, belonging to

Te kainga o Turi   -   -   The home of Turi.

O: from, of place or time, denoting starting point.

Nga tangata o Rio   -   -   The men of Rio.

Na: of, belonging to

Na Turi tenei tao   -   -   This spear belongs to Turi.

Na: by, by means of

Na tenei ka ora ia   -   -   By this he became well.

Na: by way of

Haere *na* Rotorua   -   -   Go by way of Rotorua.

Na: by, emphasis on agent

Na Hama tenei mahi -   -   This is Hama's work.

No: of, belonging to
No ratou tenei whare -   -   This is their house.
No: from, of place
No Tauranga ratou   -   -   They are from Tauranga.
No: from, at, time past
No nanahi ratou ka haere   -   They went yesterday.
Ma: for
Ma Turi tenei   -   -   -   This is for Turi.
Ma: by means of
Ma te kaha ka ora   -   -   By strength survive.
Ma: by, through
Ma tenei ara   -   -   -   By this road.
Ma: by, emphasis on agent
Ma Turi te powhiri -   -   Turi will give the welcome.
Mo: at, on, future
Mo apopo ka haere   -   -   Go tomorrow.
Mo: for
Mo Hine tenei potae -   -   This hat is for Hine.
Mo: about
Mo tenei take   -   -   -   For this reason.
Ra: through, direction
Haere *ra* Tirau -   -   -   Go by way of Tirau.
E: by, agent, only after passive verbs
I karangatia ahau *e* Hamo -   I was called by Hamo.
I: by, with
Kua pau nga kai *i* a Rupe -   The food has been consumed by
                                Rupe.
I: by reason of
Kahore ia e haere *i* te wehi -   He will not go by reason of his
                                  fear.
I: denoting Past Tense
I haere atu ia   -   -   -   He went.
I: from (motion)
I haere mai ia *i* Paihia   -   He came from Paihia.
I: at the time of
I tona haerenga -   -   -   At the time of his going.

I: in possession of

I a ia te pukapuka (past) -   The book was in his possession.

    I: in company with

I haere tahi au *i* a ia -   -   I went with him.

    I: at, in, on

I reira matou   -   -   -   We were at that place.

I roto matou   -   -   -   We were inside.

I runga matou   -   -   -   We were on top.

    I: in comparison of

Pai ake tenei *i* tena   -   -   This is better than that.

    Kei: at

Kei Tirau ia   -   -   -   He is at Tirau.

    Kei: in possession

Kei a ratou te waka   -   -   They have the canoe.

    Kei: in state of

Kei te pai ia   -   -   -   He is well.

Kei te mahi ia   -   -   -   He is working.

    Hei: at, on

Hei konei koutou   -   -   You remain here.

    Hei: for, to serve as, to be

Haere *hei* kai-arahi   -   -   Go as a leader.

    Me: with

Haere *me* ia   -   -   -   Go with him.

    Me: in addition

Tenei *me* tena -   -   -   This and that.

    Me: and, too

Me koe   -   -   -   -   And you.

    Ki: to, of place

Haere *ki* Tauranga   -   -   Go to Tauranga.

    Ki: towards

Titiro *ki* Ruapehu   -   -   Look towards Ruapehu.

    Ki: with

Patua *ki* te rakau   -   -   Strike with the stick.

    Ki: against

I whawhai ia *ki* te hoariri -   He fought against the enemy.

    Ki: according to

Ki a ia, he pai tenei   -   -   According to him, this is good.

Ko: to, going to
E haere ana koe *ko* hea?   -   Where are you going to?
Ko: at (future)
Ko Taupo te hui -   -   -   The meeting will be at Taupo.
Whaka: towards
Haere *whaka*-mua   -   -   Go forward.
Titiro *whaka*-runga   -   -   Look upwards.

CHAPTER VIII

COMPLEX PREPOSITIONS

Series 1

Ki runga ki: on top of
Mauria *ki runga ki* te maunga.
Take it to the top of the mountain.

Ko runga ko: to the top of
E haere ana ahau *ko runga ko* te maunga.
I am going to the top of the mountain.

I runga i: on the top of (past)
I runga i te whare te potae.
The hat was on top of the house.

Kei runga kei: on top of (present)
Kei runga kei te maunga nga kumara.
The kumara are on top of the mountain.

Hei runga hei: on the top of (future)
Hei runga hei te tepu nga kai.
Put the food on the table.

No runga no: from upon
No runga no te rakau te manu.
The bird from the top of the tree.

Mo runga mo: for the top of.
Mo runga mo te whare tenei whakapaipai.
This decoration is for the top of the house.

Ma runga ma: over the top (direction)
Ma runga ma te maunga te ara.
The road is over the mountain.

Series 2

Ki runga i.	Above the, implying over.	
I runga i.	,,	,,
Kei runga i.	,,	,,
Hei runga i.	,,	,,

No runga i.   From above, belonging to that place.
I runga i.   „   implying motion from.
Mo runga i.   For above, to be above.
Ma runga i.   By above, over. (direction)
Ko runga i.   To above, over.

In the second series, "o" may be substituted for "i," after the local noun, in which case the construction will be regular, e.g.:

Kei runga *i* te maunga - Above the mountain.
Kei runga *o* te maunga - Above the mountain.

It may be noted also that there is a certain amount of flexibility between Series 1 and 2, e.g.:—

Mo runga *mo* te whare tenei whakapaipai - This decoration is
Mo runga *i* te whare tenei whakapaipai   for the top of the
                                                                    house.

Similar combinations are used with the local nouns "raro" (meaning under, beneath, below), "roto" (in, into, inside), and "waho" (outside, from without). "Mua" (in front, before), and "muri" (behind, at the back of), are used only in Series 2, e.g.:—

Titiro ki nga ngaru *i muri i* a koe.
Look at the waves behind you.

VOCABULARY

A hea	-	what time, when	ingoa	-	name
			kaha	-	strong
apopo	-	tomorrow	kahore	-	no, not
ara	-	road, way	kai-arahi	-	leader
aroha	-	love	kainga	-	home, place
awa	-	river	kanui	-	very great
haerenga	-	journey, the going (verbal noun)	karanga	-	to call (verb)
			kite, kitea	-	to see (active and pass.)
hoariri	-	enemy	konei	-	here
hoki mai	-	return, come back	kowhatu	-	stone
			maia	-	brave, warrior
Hone	-	John	manawanui	-	persevering
hui	-	meeting	manu	-	bird

matua	-	parent, father	tahi	- beside, together
maunga	-	mountain	take	- reason
mauria	-	bring (passive)	tamariki	- children
nanahi	-	yesterday	tangi	- weep, mourn
noa	-	until		lament
noho	-	stay, sit	tepu	- table
ora	-	well	tima	- steamer
patu, patua	-	weapon, strike	titiro	- look
pau	-	consumed	toa	- brave (adj.)
po	-	night	ua	- rain
Poneke	-	Wellington	wahine	- woman
powhiri	-	welcome	wehi	- afraid, fear
puke	-	hill	wera	- hot
rangatira	-	chief	whakapaipai-	decoration
rapu	-	seek		make beautiful
reira	-	there, that place	whanaunga	- relation
tae mai	-	arrive	whawhai	- fight

TRANSLATION

Exercise No. 3(a)

1 Nga tangata o Rotorua.
2 No Turi enei matua.
3 Hoatu nga heihei ma ma ratou.
4 Haere tatou ra Tauranga.
5 I a wai te tao a Turi?
6 Kei a wai te potae o Hine?
7 Ko Tauranga te tangi.
8 Nga tangata i roto i te whare.
9 I runga i te tima iti.
10 No tona tungane.
11 Ki te tuakana o Manaia.
12 Na Turi enei tamariki.
13 Tino ora nga tamariki a Rupe.

14 Mo tenei wahine tera potae hou.
15 I kitea e Hone te tao.
16 I a Hone.
17 Kei Rotorua te hui.
18 Haere tatou ki Rotorua ra Tirau.
19 No Tauranga me Maketu enei waka.
20 Kei runga o te puke nga tamariki.
21 He kowhatu no roto i te awa.
22 Hoatu he pukapuka ma te teina o te wahine a Hone.

Exercise No. 3(b)

1 Whose sheep are these?
2 For him and me.
3 To you and me.
4 A house belonging to me.
5 Give me your book.
6 That is Turi's work.
7 Bring a stone from the river.
8 They belong to the man from Tauranga.
9 The name of that good man is Purei.
10 From whose house?
11 To his parents.
12 On top of the house.
13 We were inside the house.
14. The sheep on top of the hill are for John.

CONVERSATION

Tena koutou?	How do you do? (all of you).
E pehea ana korua?	How are you? (two of you).
Kanui to maua ora.	We are very well. (he and I).
Kia kaha, kia toa, kia mana-wanui.	Be brave, be strong, be per-severing.
Ko wai tena?	Who is that?
Ko ahau e hoa.	It is I, friend.
Homai tou potae.	Give me your hat.
Hoki mai.	Come back.
E pehea ana te mahi?	How is the work?
Kanui te tino pai.	Very good indeed.

CHAPTER IX

THE SPECIFIC PARTICLE "KO"

The Specific Particle "Ko" is used when the predicate in a sentence is either

(1) A Proper Name, Personal Pronoun, Local Noun, or either of the interrogatives "wai" or "hea," e.g.:—

- (a) Proper Name.
  Ko Turi tenei tangata - This man is Turi.
- (b) Personal Pronoun.
  Ko ia tera - That is he.
- (c) Local Noun.
  Ko reira matou - We will be there.
- (d) Interrogative "wai."
  Ko wai tenei tangata ? - Who is this man ?
- (e) Interrogative "hea."
  Ko hea tena wahi ? - What is (the name of) this place ?

(2) A Common Noun with any of the definitives except "he," e.g.:—

- (a) Ko te tangata tenei - This is the man.
- (b) Ko nga tamariki enei a Hine - These are the children of Hine.
- (c) Ko tetahi tenei o ratou - This is one of them.
- (d) Ko tehea pukapuka ? - Which book ?

It must be understood that besides its use as a Specific Particle, "Ko" has two other meanings. They are :—

(1) *Local Noun* Ko - Yonder place.

- (a) Haere ki *ko* - Go to yonder place.
- (b) Kei *ko* nga tangata - The people are over there.

(2) *Preposition.* Ko - To, going to.

  (a) E haere ana ahau *ko*
      Rotorua   - I am going to Rotorua.
  (b) *Ko* hea koe?   - Where are you going to?
  (c) *Ko* runga *ko* te maunga - To the top of the mountain.

PLURAL POSSESSIVE PRONOUNS

Just as with the Demonstrative Adjectives "tenei," "tena," etc., we form the Plural by omitting the "t" from the beginning of the word, so it is with the Possessive Personal Pronouns. They are as follows :—

SINGULAR	PLURAL
Taku or toku	- Aku or oku
tau or tou	- au or ou
tana or tona	- ana or ona
Taku tamaiti	- Aku tamariki
My child	- My children.
ta maua or to maua	- a maua or o maua
ta taua or to taua	- a taua or o taua
ta korua or to korua	- a korua or o korua
ta raua or to raua	- a raua or o raua
To maua waka	- O maua waka
Our canoe	- Our canoes.
ta matou or to matou	- a matou or o matou
ta tatou or to tatou	- a tatou or o tatou
ta koutou or to koutou	- a koutou or o koutou
ta ratou or to ratou	- a ratou or o ratou
To matou whare	- O matou whare
Our house	- Our houses

INTERROGATIVES

Interrogatives in common use are :—

He aha?   - What (is)? applied to
                                things, but not to persons.

He aha tera manu i runga i te whare ?	-	What is that bird on top of the house ?
He tui tera manu	-	That bird is a tui.
Ko wai ?	-	What (is) applied to *persons.*
Ko wai tou ingoa ?	-	What is your name ?
Ko Marama toku ingoa	-	My name is Marama.
Hei aha ?	-	What for, for what purpose ?
Hei aha te kete nei ?	-	What is this basket for ?
Hei mau i nga kumara	-	To carry the kumaras in.
Kei hea ?	-	Where is ?
Kei hea a Hone ?	-	Where is John ?
Kei Akarana a Hone	-	John is at Auckland.
I hea ?	-	Where was ?
I hea te tangata inanahi ?	-	Where was the man yester-day ?
I Poneke te tangata inanahi	-	The man was at Wellington yesterday.
Ma wai era pukapuka ?	-	For whom are those books ?
Ma Wiremu era pukapuka	-	Those books are for William.
No hea enei iwi ?	-	From whence are these people ?
No Rotorua enei iwi	-	These people are from Rotorua.

It will be observed from the above sentences that the answer to a question is always commenced with the same preposition as that used in asking the question.

CHAPTER X

THE DEFINITIVES

"Definitive" is the term used to signify those words which express the *Force* of the Nouns which they precede. They come under six headings as follows:—

(1) *The Articles*

Singular	Plural	
he	not translated.	a, some.
te	nga	the.
taua	aua	that, those, the aforesaid.

e.g.:—

He whare	- A house.	He wai moku	Some water for me.
Te hoiho	- The horse.	Nga waka -	The canoes
Taua wahine	That woman. (aforesaid)	Aua tamariki	Those children. (aforesaid)

These are used only as adjuncts before a noun.

(2) *Indefinite Pronouns*

Singular	Plural	
tetahi	etahi	one, a certain, some.

e.g.:—

He kai ma tetahi o raua - Food for one of them.
Etahi tangata - Some men.

Always use "tetahi" after a Preposition instead of "he,"

e.g. :—

He tangata - A man - Ki tetahi tangata - To a man.

(3) *Demonstrative Adjectives*

Singular	Plural	
tenei	enei	this, these.
tena	ena	that, those (near you).

| tera | era | that, those (away from). |
| ia | — | that. |

e.g.:—

Tenei potae - This hat.	Enei whare - These houses.
Tena waka - That canoe.	Ena kuri - Those dogs.
Tera ngeru - That cat.	Era rakau - Those trees.

Nga kanohi o ia tamaiti - The eyes of that child.

N.B.   This form is now almost obsolete.

As a rule "ia" is used distributively, meaning "each," in which case both it and the noun it qualifies are repeated, e.g. :
Ia wahine, ia wahine - Each woman.

The words "tenei," "tena," and "tera" are sometimes split into two words, e.g.:—

Te whare *nei*   - This house. (The house here).
Te wahine *ra*   - That woman. (Over there).

(4) *Interrogative Pronouns*
Singular   Plural
tehea   ehea   which.

e.g.:—

Tehea waka ? - Which canoe ?   Ehea rakau ? - Which trees ?

(5) *Possessive Pronouns*

Singular	Plural	
taku or toku	aku or oku	my.
tau „ tou	au „ ou	thy.
tana „ tona	ana „ ona	his or her.

Also the corresponding Duals and Plurals.

Toku **whare** - My house.	Oku **whare** - My houses.
Tana tao - His spear.	Ana tao - His spears.
Ta taua tamaiti - Our child.	A taua tamariki - Our children.
To matou matua - Our parent.	O matou matua - Our parents.

e.g.:—

Sometimes "To" and "O" are substituted for "Tou" and "Ou." e.g.:—

To matua - Your (thy) father.   O matua - Your (thy) parents.

(6) *The Possessives*

These are formed by using one of the particles, ta, to, **a**, o, or the prepositions, na, no, ma, mo, with:—

(a)   A Dual or Plural Personal Pronoun, e.g.:—

> To matou waka - Our canoe.

(b)   A Local Noun, e.g.:—No reira - From that place.

(c) A Proper Noun, e.g.:—Mo Hone - For John.

(d)   A Common Noun, following any of the Definitives except "he," e.g.:—

> Te ingoa o te whare - The name of the house.

When a Possessive follows a Noun which is qualified by the Indefinite Article "he," the Preposition "na" or "no" is used.

When a Possessive follows a Noun which is qualified by any other Definitive, the Preposition "a" or "o" is used. e.g.:—

> He whare no Turi - A house belonging to Turi.
> Te waka o Hama - The canoe belonging to Hama.

The Possessive Particles "ta" and "to" may take the form of an *article and preposition* thus:—

Ta Turi kuri or *Te* kuri *a* Turi - The dog of Turi. (Turi's dog).

Examples :

He tangata pai te tuakana o Hamo.	**Hamo's elder** brother is a **good** man.
Hoatu aua pukapuka ma tera tamaiti.	Give those books for that child.
Homai tetahi ma tenei, hoatu tetahi ma tera.	Give one to this, give one to that.
Moku tenei whare, mou tena.	This house is for me, that for you.
Era tangata katoa no Nuku-tawhiti.	All those men are from Nuku-tawhiti.
Ko tehea o enei potae no Hori ?	Which of these hats belongs to Hori ?
Ki toku whakaaro he kainga pai a Whakatane.	To my thinking **Whakatane** is a good place.

He potae hou tou?	Is your hat new?
Tino pai tana mahi.	His work is very good.
Na ona matua tera whare i hoatu mona.	His parents gave that house for him.
Ta raua tamaiti tenei.	This is their child.
Tino pai to ratou waka.	Their canoe is very good.
He rangatira taua tangata.	That (the aforesaid) man is a chief.

TRANSLATION

Exercise No. 4(a).

1. Ko ia te tangata i haere mai i Tauranga.
2. Homai nga pukapuka a te tamaiti nei.
3. Tikina etahi rakau mo to koutou whare.
4. Ko to ratou waka tena i haere mai ai i Hawaiki.
5. He tangata pai tera mo te whai-korero.
6. No to matou kainga enei tamariki.
7. I haere mai enei tamariki i hea?
8. Ko ehea rakau ma koutou?
9. Mauria mai aku tao ki konei.
10. Na au mahi pai i nui ai tou ingoa.
11. Tino pai te tupu o ana rakau.
12. Tikina a ratou hipi.
13. Na maua tenei mahi.
14. Ma matou ena rakau.

Exercise No. 4(b).

1. Give my spear to Turi.
2. Be strong in your work.
3. Give his love to the people of Tauranga.
4. Give my canoes for them. (dual)
5. Have you new clothes?
6. That is their (plural) house.
7. This house is ours. (dual)
8. Where is the land for us?
9. I gave my spears to her.
10. Give some food to this child.

11. This is their house. (dual)
12. These are their sheep. (plural)
13. That land is his and mine.
14. These hats are ours. (plural)
15. Give her your canoe. (dual)
16. Those are your children. (plural)

VOCABULARY

Katoa	-	all	tupu	-	grow
kanohi	-	eye, face	whai-korero	-	speech
kei hea	-	where	whakaaro	-	thought

CHAPTER XI

THE ADVERBS "AI" AND "ANO"

Ai. There is no equivalent of this word in English, but it may be used in the following ways :—

1. In relative clauses, where the relative in English is governed by a *verb* or *preposition*, e.g.:—
   Nga tangata ena i kite ai au -
   > Those are the men whom I saw.

2. In clauses expressing the reason why anything is done, e.g.:—
   He aha koe i whakapono ai? - Why did you believe?

3. In clauses marking the time of action, e.g.:—
   Ahea koe haere ai? - When will you go?

4. Denoting present condition or habitual action, e.g.:—
   Haere tonu ai matou a ao noa te ra -
   > We kept on going till daybreak.

Ano. This word also has various meanings, as follows :—

1. Up to the time spoken of, still; yet, e.g.:—
   E ora mai nei ano. - Up to now, he is still alive.

2. Again, e.g.:—
   Haere mai ano. - Come again.
   Korerotia ano. - Say it again.

3. Also, too (often used with "hoki"). e.g.:—
   He Kariki ratou, me ahau ano hoki. -
   > They are Greeks, and I also.

4. Quite, just exactly, e.g.:—
   Rite tonu ano ki a koe - Exactly like you.
   Katahi ano koe ka haere mai ki au -
   > Now for the first time you have come to me.

5. With personal pronouns, to accentuate *self*, e.g.:—
   Nau ake ano tenei?   -   Is this your very own?

6. With demonstratives, meaning "same," e.g.:—
   Rite tonu ano tenei ki tena.   -   This is the same as that.

7. Indeed, e.g.:—
   E tika ana ano.   -   Indeed it is right.
   He waka ano toku.   -   Indeed I have a canoe.

8. Denoting admiration, e.g.:—
   Ano te pai ano te ahuareka.   -
                              How good and how amiable.

CHAPTER XII

THE CAUSATIVE PREFIX "WHAKA"

The Causative Prefix "Whaka" is added to Nouns, Adjectives, and Verbs to signify "make into" or "cause to," e.g.:—

Whakatangi - Cause to sound or lament.
whakarongo - cause to hear, to inform.
whakapaipai - make good, (to beautify or decorate).

THE PREFIX "KAI"

If the prefix "kai" is added to a transitive verb, it signifies agent, e.g.:—

Tiaki	-	to guard	Kai-tiaki	-	guardian,
hoe	-	to paddle.			keeper
			kai-hoe	-	paddler.

THE CONJUNCTION "AND"

There are various translations of the conjunction "and." The following examples will show the different ways in which the word can be used.

Examples :

John and his father. - Hone *me* tona matua.
John and his friends. - Hone *me* ona hoa.
or Hone *ma*.

The word "ma" is often used to express "and his companions."

John and his wife,
Mary. - Hone *me* tana wahine, *me* Meri.

In a case like this, it is the rule to repeat the "me" with each proper name mentioned.

John and Mary. - Hone *raua ko* Meri.

This is a form frequently used when using the conjunction in connection with two or more persons.

N.B.

The word "me" is sometimes used to mean "if," in which case it is simply an abbreviation of the word "mehemea."

"Me" is also used to denote an Imperative Future, e.g.:—

Me tino haere koe   You *must* go tomorrow.
    apopo.

In this sentence the word "tino" helps to accentuate the "*must*."

THE WORD "MEA"

This word has a variety of meanings. When used as a noun it means "thing," e.g.:—

He mea kino te noho i runga i te whenua maku.
It is a bad thing to sit on the damp ground.

When used as a verb it means "do," "deal with," "cause," "make," "say," "intend," "wish," "think," or to denote lapse of time. The meaning as a rule is readily understood when the context of the sentence is taken into account. e.g.:—

Ka *mea* nga tangata ki a ia.   -   The men *said* to him.
Nga *mea* katoa i *mea* ai ahau. -   All the *things* I ever *did*.

The word also occurs in the following phrases :—

I te mea	-	When.
Ki ti mea	-	In that case, if.
Mehemea	-	If, if that were the case.
Me te mea	-	Like.
Mo te mea	-	Because.
No te mea	-	Because.
Ta te mea	-	Because.
Mea ma	-	Such and such persons.

DEGREES OF COMPARISON

These are expressed by the addition of the word "atu" for the Comparative, and "rawa" for the Superlative. e.g. :—

Positive.	Comparative.	Superlative.
Pai	pai atu	pai rawa
Good	better	best

ABSTRACT NOUNS

Abstract Nouns of quality, etc., are formed by simply prefixing the original adjective with the Articles, e.g. :—

Good - Pai   The goodness - Te pai

DAYS OF THE WEEK

These have been taken from the English, as the student will recognise, the word for Sunday excepted.

Mane	-	Monday	Paraire	- Friday
Turei	-	Tuesday	Harerei	- Saturday
Wenerei	-	Wednesday	Ratapu	- Sunday
Taite	-	Thursday		

MONTHS OF THE YEAR

Hanuere	-	January	Hurae	- July
Pepuere	-	February	Akuhata	- August
Maehe	-	March	Hepetema	- September
Aperira	-	April	Oketopa	- October
Mei	-	May	Noema	- November
Hune	-	June	Tihema	- December

LETTER WRITING

In writing a letter, it is customary to address the person to whom the letter is sent by his full name, and also to sign one-self in a like manner. Greetings are often sent to the person's relations and family as well as to himself. The following is a simple example of an ordinary letter.

Akarana.
Tihema 12, 1949

Kia Kurepo Moananui,
                    Tena koe.
                              Tenei tau reta kua tae mai ki au.
Kanui toku koa mo tou ora, kanui hoki toku ora. He mangere ahau ki te tuhituhi ki a koe.
    Kanui enei korero mo tenei ra. Kia ora mai ano koe.
                              Na tou hoa.
                              Paikea te Rake.

Dear Kurepo Moananui,

Greetings.

Your letter to me has arrived. I am very glad you are well, I am very well too. I am lazy in writing to you.

This is all for to-day. Farewell to you.

From your friend,

Paikea te Rake.

CHAPTER XIII

VERBS

The Maori expresses himself simply, and as a consequence he has not developed in his language the wide range of Tenses and Moods that we have in English.

The Verbs have two Voices, Active and Passive, with the addition of the Verbal Noun. The Passive and the Verbal Noun are formed by the addition of certain terminations to the Active form, and often the context of the sentence will indicate the time or condition of the action, rather than a change in the form of the verb itself.

The Passive terminations are :—
-a, -ia, -hia, -kia, -mia, -ngia, -ria, -whia, -na, -ina, -rina, -whina.

The terminations for the Verbal Nouns are :—
-nga, -anga, -hanga, -manga, -ranga, -tanga, -inga.

There is no set rule to indicate which endings are used to change the form of any given verb, but they will become familiar through usage. Always keep in mind that in this case, as in others, the Maori pays much attention to euphony, and will therefore employ the most melodious-sounding word rather than follow a particular rule.

It will also be seen that the passive form is used extensively; for instance, where in English we would employ the Active voice to denote an Imperative, such as "Go, call Turi and Hama," the Maori would use the Passive form, "Haere, karanga-*tia* Turi raua ko Hama."

The following are some of the verbs in common use :—

Verb	Active	Passive	Verbal Noun
To lead	arahi	arahina	arahitanga
To love	aroha	arohaina	arohatanga
To follow	aru	arumia	arumanga

To go	haere	haerea	haerenga
To return	hoki	hokia	hokinga
To call	karanga	karangatia	karangatanga
To see	kite	kitea	kitenga
To bring	mau	mauria	mauranga
To fetch	tiki	tikina	tikinga
To look	titiro	tirohia	tirohanga

Examples :

Ka arahi ahau i a Hone me ona hoa	-	I will lead John and his friends.
Haere, arahina Turi raua ko Hama	-	Go ! Lead Turi and Hama.
Na wai koe i arahi?	-	Who led you?
Na Turi ahau i arahi	-	I was led by Turi.
Arahina nga tangata ki Rotorua	-	Lead the people to Rotorua.
Te arahitanga mai o Kupe i Hawaiki	-	The leading hither of Kupe from Hawaiki.

TENSE

The Tenses, though they may be indicated by the context of a sentence, are also signified by the use of certain Auxiliary Particles. It will be found that any given Particle does not necessarily indicate one specific tense, as there is a certain amount of elasticity in their use, with the exception of the Past Indefinite and the Future, which do not vary as a rule. Differences of Person or Number do not alter the form of the particles, which are as follows :—

e   ana   kua   i   ka

Examples :

E kai ana nga tangata	-	The people are eating.
Kua kai nga tangata	-	The people have eaten.
E haere ana nga tangata inanahi	-	The men were going yesterday (when something happened).

Kua huihui nga tangata inanahi	-	The men had assembled yesday. (not complete).
Apopo e huihui ana ratou	-	Tomorrow they will be assembling.
Ka huihui ratou apopo	-	They will assemble tomorrow.
I hoki mai ratou inanahi	-	They came back yesterday.

N.B.

It will be seen from the preceding examples that "e...ana" implies continued motion, whether for Past, Present, or Future.

TRANSLATION

Exercise No. 5(a)

1. Nga hoa enei o Ripi raua ko Hine.
2. Kua korerotia mai ki au, ka tahuna to tatou pa.
3. Hoea to tatou waka.
4. Na wai era rakau i hoatu ma Turi ma?
5. Kei hea te whare o Tamati?
6. Ki toku whakaaro, kei Tirau, kei reira ona matua me tona iwi.
7. I ora ai a Kahukaka, no Ngapuhi ia.
8. He papaku tenei wai, me pehea tatou e u ai ki uta?
9. Kua timata te ua.
10. Apopo matou haere ai ki Paihia.
11. He tangata kaha nga kai-hoe o te waka o Kupe.
12. Mehemea ki te tae mai he wahine ki te rapu ia au, korero atu, kua haere au ki Tauranga.

Exercise No. 5(b)

1. We must wait for our friends.
2. This bridge is better than that one.
3. This is the best of all the houses.
4. The swiftness of the canoes of Ripi and his friends.
5. Fetch some water for Hemi and Meri.
6. I have forgotten your name.
7. Where are you going?
8. On the arrival of the visitors, they will be welcomed.
9. He said to the woman, "The sun is shining."
10. Indeed we have a house.

VOCABULARY

Ahuareka	-	Amiable, pleasant	Pehea	- in what way, how, of what sort
ao	-	become light, daytime	ra	- sun, day
arawhata	-	bridge	reta	- letter
hoa	-	friend	rite	- the same, like
hoe	-	paddle (canoe)	tahu	- burn
hoki	-	also	tatari	- wait
huihui	-	assemble	tenei ra	- this day, today
iwi	-	tribe, people	tere	- swift
Kariki	-	Greek	tiaki	- guard
katahi	-	now, for the first time	tika	- straight, right
			timata	- begin
koa	-	joy	tonu	- continue
korero	-	tell, say	tuhituhi	- write
maku	-	damp	u	- to land
mangere	-	lazy	uta	- land, as opposed to water
manuwhiri	-	visitor		
me	-	and	wareware	- forget
mehemea	-	if	whakapono	- believe
pa	-	village	whenua	- land, ground
papaku	-	shallow	whiti	- shine

CHAPTER XIV

NEGATIVES

A certain amount of attention must be given to Negatives at this stage. Although it is difficult to set down definite rules for their use, the following will serve as a guide to the use of the different forms. These are :—

1. *Kahore*. This word is used as :—

    (a) A negative answer to a direct question, e.g.:—

    E kai ana nga tangata ?   -   *Kahore !*
    Are the people eating ?   -   No !

    (b) In the present tense, as :—

    Kahore nga tangata e kai
    ana   -   The people are not eating.

    (c) If the predicate in the corresponding affirmative sentence is a noun, adjective, or verb following the preposition "kei" or "i," make the negative by using "i" only with "kahore," substituting it for "kei" where necessary, e.g.:—

    Kei a Hine te potae   -   Hine has the hat.
    Kahore i a Hine te potae -   Hine has not the hat.
    I a wai te waka ? *Kahore* -   Who had the canoe ?
    i au   Not I.
    Kahore a Hone *i roto i*
    te whare   -   John is not in the house.

2. *Kaua* or *Kauaka*. This is used as :—

    (a) Imperative, e.g.:—

    Kaua e karangatia a
    Hone !   -   Do not call John !

    (b) If the predicate in the corresponding affirmative sentence is a noun, adjective, or verb following the preposition "hei." As :—

    Hei Rotorua te hui   -   The meeting is at Rotorua
    apopo   tomorrow.

Kaua (or *kauaka*) hei Rotorua te hui apopo	- The meeting is not at Rotorua tomorrow.

N.B. *Kaua* or *Kauaka* usually imply *future*.

3. *E kore.* This is used chiefly to indicate :—

(a) Future, e.g.:—

E kore ahau e haere apopo	- I shall not go tomorrow.

(b) In process of, e.g.:—

E kore nga tangata e haere aianei	- The men are not going today.

4. *Kihai.* This word is used only in the *past*, with "i," e.g.:—

Kihai ahau *i* kite i a Hone	- I did not see John.
Kihai ratou *i* haere mai ki konei	- They did not come here.

N.B. *Kahore* is sometimes substituted for *Kihai*, as:—

Kahore ratou *i* haere mai ki konei	- They did not come here.

5. *Ehara...i.* This word implies :—

(a) Non-identity, e.g.:—

Ehara koe *i* au karanga kia haere mai ki konei	- You were not called by me to come here.

(b) If the corresponding affirmative sentence begins with "ko," the "ko" is omitted in the negative, e.g.:—

Ko Tangaroa tenei	- This is Tangaroa.
Ehara tenei *i* a Tangaroa	- This is not Tangaroa.

(c) If the predicate in the corresponding affirmative sentence is a common noun, adjective, or verb in the infinitive (i.e. a verbal noun attended by an article or other definitive) with the indefinite article "he," substitute "te" for "he," e.g.:—

He kuri kino tenei	- This is a bad dog.
Ehara tenei *i te* kuri kino	- This is not a bad dog.
He pirau enei rakau	- These trees are rotten.
Ehara enei rakau *i te* pirau	- These trees are not rotten.

He tuahine ia noku   -   This is my sister.

Ehara ia *i te* tuahine
noku   -   She is not my sister.

(d) If the predicate in the affirmative sentence is a noun, adjective, or verb following the preposition "na" or "no," the preposition is omitted in the negative, e.g.:—

No matou tenei waka   -   This canoe belongs to us.

Ehara i a matou tenei
waka   -   This canoe does not belong
to us.

6. *Ehara i te mea.* This form is used if the predicate in the corresponding affirmative sentence is a noun, adjective, or verb following the preposition "ma" or "mo," the preposition being retained, e.g.:—

Ma Rupe tenei tao   -   This spear is for Rupe.

Ehara i te mea ma Rupe
tenei tao   -   This spear is not for Rupe.

CHAPTER XV

THE NUMERALS

The cardinal numbers are :—

1	Tahi	11	tekau ma tahi	30	toru tekau	
2	rua	12	tekau ma rua	40	wha tekau	
3	toru	13	tekau ma toru	50	rima tekau	
4	wha	14	tekau ma wha	60	ono tekau	
5	rima	15	tekau ma rima	70	whitu tekau	
6	ono	16	tekau ma ono	80	waru tekau	
7	whitu	17	tekau ma whitu	90	iwa tekau	
8	waru	18	tekau ma waru	100	kotahi rau	
9	iwa	19	tekau ma iwa	200	e rua rau	
10	tekau	20	rua tekau	1,000	kotahi mano	

21	rua tekau ma tahi	76	whitu tekau ma ono
32	toru tekau ma rua	87	waru tekau ma whitu
43	wha tekau ma toru	98	iwa tekau ma waru
54	rima tekau ma wha	109	kotahi rau ma iwa
65	ono tekau ma rima	210	e rua rau tekau

1,120	kotahi mano kotahi rau e rua tekau
1,231	kotahi mano e rua rau e toru tekau ma tahi
1,342	kotahi mano e toru rau e wha tekau ma rua
2,453	e rua mano e wha rau e rima tekau ma toru
3,564	e toru mano e rima rau e ono tekau ma wha
1,001	kotahi mano ma tahi

When counting, the numerals are preceded by "ka," e.g.:—

Ka hia ? - How many ?   Ka rua - Two.

If used immediately before a noun, "kotahi" stands for "one," and all the other numbers from 2 to 9 are prefixed by "e," e.g.:

E hia whare ?	-	How many houses ?
He whare kotahi	-	One house.
Nga whare e rua	-	The two houses.
He whare e rima	-	Five houses.

This form is used when speaking of things inanimate, or animals.

When persons are referred to, the prefix "toko" is used in place of "e" in numbers up to 9, e.g.:—

Tokohia ratou?	-	How many of them?
Tokowhitu.	-	Seven.
Nga wahine tokotoru	-	The three women.
Nga tamariki tokoiwa	-	The nine children.

When a question is asked indicating a specific number, use "kia."

Tikina etahi kowhatu, kia waru.
Fetch eight stones.
Kia hia? Kia waru.
How many? Eight.

When groups are indicated, the prefix "taki" to the simple numeral is used, e.g.:—

Takiono i te haerenga mai.
They came six at a time.

This may also be used distributively, e.g.:—Takitahi - Singly.

The Ordinals are expressed by the simple numeral prefixed by "te" unless they are used as adjectives in immediate connection with a noun, in which case the prefix "tua" is used with numbers one to nine only, e.g.:—

Te hia?	-	Which in order?
Te toru	-	The third.
Te tekau o nga whare	-	The tenth house. (The tenth of the houses).
Te wahine tuatahi	-	The first woman.

TRANSLATION

Exercise No. 6(a)

1 This is not John.
2 This is not a good book.
3 Those trees are not his.
4 The ground is not damp.
5 We will not go today.
6 The children are not going today.
7 The priest is not in the house.
8 He did not ask me twice.
9 How many men are coming?
10 How many books has he?
11 They did not go singly, they went three at a time.

12 That is not Kupe's dog.
13 He is not my father.
14 That house is not for you.
15 John did not have a coat.
16 They did not bring a horse.
17 We will not return tomorrow.
18 Do not tell them.
19 I have not seen the three dogs.
20 Nine men are coming from Tirau.
21 He has twenty books, and his sister has thirty-two.
22 He will not come from the fourth house, he will come from the seventh.

Exercise No. 6(b)

1 Ehara tenei i a Rupe.

2 Kaua hei Tauranga te tangi i tenei ra.

3 Ehara tena i a ia.

4 Kahore nga tangata i huihui inanahi.

5 Ehara ia i te teina nou.

6 Kahore ratou i hoki mai.

7 Kaua e kaha te karanga.

8 Kihai i rua aku arahi-tanga i a ia.

9 Te hia? Te toru tekau.

10 He tokomaha matou. Tokohia? Tokowhitu.

11 Tikina etahi waka, kia toru. Kia hia? Kia toru.

12 Ehara tena i te waka o Hine.

13 Kahore i a Ripi te hu.

14 Ehara tera i te rakau pai.

15 E kore ahau e arahi i a Ripi.

16 Ehara i a ratou ena kumara.

17 Ehara i te mea ma Hone ena kuri.

18 Kahore ano nga wahine kia kai.

19 Kaua e arahina a Hone raua ko Meri.

20 Ka hia? Ka rua, ka wha, ka ono.

21 I kitea e taua etahi kuri. E hia? E waru.

22 E kore ahau e mohio.

Vocabulary

Aianei	-	now, to-day, presently.
pirau	-	rotten
tohunga	-	priest
tokomaha	-	many

CHAPTER XVI

SENTENCE CONSTRUCTION

As in all languages, the Maori language has its own modes of expression, and ways of constructing sentences which will be learned only as the student gains experience in Maori conversation and becomes familiar with the language.

The following points will be of help at this stage.

(1)   As there is no verb "to be," the context of the sentence will indicate its meaning, e.g.:—

> *Ko* ia te wahine i haere mai i Kaitaia.
> She *is* the woman who came from Kaitaia.
> He tangata pai tera.
> A man   good that   -   That *is* a good man.

(2)   Similarly with the English verb "to have," which has no Maori equivalent, and is expressed by the possessive pronoun, or one of the prepositions, Kei, Hei, or I.   e.g.:—

He whare tona	-	He has a house. (A house his).
Mou tenei	-	You have this. (For you this).
Kei a Turi te potae	-	Turi has the hat. (Present tense).
Hei a Hone te whare	-	John is to have the house. (Future).
I a Henare nga kuri	-	Henry had the dogs. (Past).

(3)   When a question is asked, the interrogative will be expressed by the inflection of the voice rather than the changing of the order of the words, e.g.:—

He ika tenei	-	This is a fish.
He ika tenei?	-	Is this a fish?

(This applies to sentences which are not governed by one of the interrogatives "wai," "tehea," "he aha," etc.)

(4) With few exceptions, *adverbs* come *after* the words they qualify. "Tino" - "very" is an exception in common use.

Adjectives always stand *after* the nouns they qualify.

The short passages which follow will be a guide to the manner in which sentences are constructed. For the benefit of the student we will give the literal translation first, and then the "free" translation, putting the passages into correct English.

(5) In narrative, the particle "ka" is freqeuently used regardless of tense, to denote change of action, e.g.:—

> The man came to Auckland, then he went to Wellington, then he went to Manawatu, and saw his parents there.
> I haere ki Akarana te tangata, ka haere ia ki Poneke, ka haere ia ki Manawatu, ka kite ia ona matua i reira.

TE INOI   A TE ARIKI
The Prayer of the Lord.

Eto matou Matua i te Rangi, kia Tapu Tou Ingoa. Kia
O our Father in the Heaven, let be Holy Thy Name. Let

tae mai Tou Rangatiratanga. Kia meatia Tau e pai ai
come Thy Kingdom (Chieftainship). Let be done Thy will

ki runga ki te whenua, kia rite ano ki to te
on (upon) to the earth, let it be the same accord with that

Rangi. Homai ki a matou aianei he taro ma matou
of the Heaven. Give to us now some bread for us

mo tenei ra. Murua o matou hara me matou hoki e muru nei
for this day. Blot out our sins as we also blot out those

i o te hunga e hara ana ki a matou. Aua hoki matou
of the people who sin to (or against) us. Not also us

e kawea ki whakawaia, engari whakaorangia matou i te kino.
be taken to be tempted, but deliver us from the evil.

Nou hoki te Rangatiratanga, te Kaha, me te Kororia,
Thine also the Kingdom, the Power, and the Glory,

Ake, Ake, Ake, Amine.
Ever, Ever, Ever, Amen.

Our Father Which art in Heaven, Hallowed be Thy Name.
Thy Kingdom come, Thy Will be done on earth as it is in
Heaven. Give us this day our daily bread, and forgive us our
trepasses as we forgive them that trespass against us. And lead
us not into temptation, but deliver us from evil, for Thine is
the Kingdom, the Power, and the Glory, for ever and ever,
Amen.

I mua noa atu i tu nga whare o nga Maori ki runga i
A long time ago stood the houses of the Maori on top of

nga maunga. I naianei ko nga whare me nga maara kei nga
the mountains. Now the houses and the gardens at the

mania me te taha moana. He mea pai te whakatu i nga whare
plains and the side sea. A thing good the standing of the houses

ki nga wahi tiketike, he takoto tonu no te wai ki nga wahi
to the places high, a lying always of the water to the places

mania. Ahakoa maroke te oneone ki te titiro iho, kei raro
plain. Although dry the ground to the looking upon, underneath

tonu iho te wai. Mehemea ka keria e koe he poka ki tetahi
always the water. If (is) dug by you a hole in some

wahi mania, ahakoa i te raumati, e kore e roa ka ki i
place plain, although in the summer, not long (will) full of

te wai. He mea kino te noho i runga i te whenua maku, ka
the water. A thing bad the sitting upon the ground damp, will

pa he mate ki te tangata.
touch a death to the man.

A long time ago the Maori houses stood on top of the moun-
tains. Now the houses and the gardens are on the plains and
beside the sea. It is a good thing to stand the houses on the
high places, (because) there is always water lying on the plains.
Although the ground appears dry, underneath there is always
the water. If you dig a hole in some part of the plain, although
it is summer, before long it will be full of water. It is a bad
thing to sit on the damp ground, it may cause a man's death.

N.B.

The word "iho" in the above passage means "from above, downwards" when used with "titiro"; with "raro" the meaning is "lower down, below, or underneath." It is also sometimes used with "muri," in which case the meaning is "shortly afterwards."

TRANSLATION

Exercise No. 7

Tetahi tupuna no mua ko Toi tona ingoa, i haere ki te rapu i tana mokopuna i a Turahui, i ngaro ki waho i te moana. Ka karanga a Toi ki ana tangata kia huihui mai, a ka korero :—
"E te iwi, whakarongo mai, kua ngaro taku tamaiti a Whatonga me taku mokopuna me Turahui, haere tatou ki te tonga ki te rapu i a raua. Kanui taku aroha ki taku mokopuna, mahia nga waka kia kaha mo te haere i te moana nui." Ka mutu tana korero, ka patai ia ki te iwi, "E pehea ana koutou ki tenei korero?" Ka karanga te iwi, "Ae, haere tatou." E toru rau to ratou tokomaha, nga tane me nga wahine, kahore he tamariki. I timata mai ta ratou haere i Hawaiki, ka tae mai ki Rarotonga, ki Pangopango, ki Hamoa. Ko tana whai-korero tenei i Rarotonga :— "Mehemea ki te tae mai he tangata ki te rapu i au, korero atu, kua haere au ki Aotea ki te rapu i aku tamariki, ki te kore au e tae ki reira, kei raro au i te moana." He roa te wa i haere ai ratou, a ka tae mai ki Tamaki.

VOCABULARY

Ae	- Yes	kororia	- glory
ahakoa	- although	ki	- full
ake, ake, ake	- forever	maara	- garden
amine	- amen	mahia	- work at
engari	- but		get ready
hara	- sin	mania	- plain
hunga	- company of	mate	- dead, death
	people	moana	- sea
kanui	- very great	mokopuna	- grandchild
kawe, kawea	- bring convey	mua	- before

muru	-	blot out,wipe out, forgive	tapu	- holy, sacred
mutu	-	finish	taro	- bread (not in common use)
naianei	-	now, at the present time	tiketike	- high
			tonga	- south
pa	-	touch	tu	- stand
patai	-	ask	wa	- time, interval
rangatiratanga	-	chieftainship	wahi	- place
rangi	-	sky, heaven	waho	- out, the open sea, away from land
raro	-	underneath		
raumati	-	summer		
roa	-	long	whakaorangia (from ora)	- deliver, "make safe"
taha	-	side		
takoto	-	lie	whakarongo	- listen, attend
tane	-	man, male, husband	whakawai whakawaia	- entice beguile, **tempt**

CHAPTER XVII

Exercise No. 8

He tino rangatira nui a Tamati Waka Nene no Ngapuhi. He hoa pai no nga Pakeha tae noa ki te ra i mate ai ia. I whakanuia ia e nga iwi e rua, e nga Maori me nga Pakeha. Etahi korero pai mona na te Paremata o Ingarangi. I te whawhai ki a Hone Heke i te tau kotahi mano e waru rau e wha tekau ma rima, i te taha ia o nga Pakeha. Mo tana awhina i nga Pakeha, ka homai e te Kawanatanga he penihana mona e £100 i te tau.

Ko Tamati Waka Nene, he tama na Tapua, he rangatira no Ngaitiaho o Hokianga. I a ia e tamariki ana, i haere tahi ia me nga ope whawhai o tona iwi. Ko Patuone, he tuakana nona. Enei tangata tokorua he tino hoa pai no nga Pakeha.

Nga tupuna o Nene, ko Nukutawhiti raua ko Ruanui. Ko to ratou waka i haere mai ai i Hawaiki ko Mamari. He tikanga ta te Maori, ki te whanau mai he tamaiti tane, ka takaia tona tinana ki te rau karamu i te wa e iriiria ana e te tohunga, ka tangohia tetahi wahi o taua karamu, ka whakatongia ki te whenua. Ki te tupu, he toa taua tamaiti. E kiia ana i pera te whanautanga o Nene.

Ka tupu haere ake a Nene, ka kitea kua tika nga korero mona i te wa i iriiria ai ia. Ko ia tetahi o nga rangatira i haere tahi me Hongi Hika i te patunga o nga iwi o Hauraki me to tangohanga o to ratou pa o Totara. I muri mai ka haere a Nene me tetahi wahanga o Ngapuhi ki te whawhai ki nga iwi o Taranaki, ka mate nga iwi o reira i a ia, ko nga mea i riro herehere i mauria e ratou hei pononga.

Otira i haere tahi ano hoki ia me Te Rauparaha ki Kapiti ki te patu haere i era iwi. Tenei tetahi korero na Tiati Wirihana mo Nene i muri tata mai i te kohurutanga o nga heramana o te "Hawes" i Whakatane i te tau kotahi mano e waru rau e rua tekau ma iwa, e tetahi tangata ko Ngarara me ona hoa. Kotahi o ratou no Ngapuhi i haere noa atu ki Whakatane kia kite i

tera whenua, engari ko tona kainga tuturu kei Maungatapu i
Tauranga, no reira hoki tana wahine. Te hokinga atu o te
tangata nei i Whakatane ki Maungatapu, i reira a Nene. Ka
timata a Nene ki te whai-korero ki te tangata ra me te tupeke
ano hoki. Ko ana korero enei :— "E patu pakeha ana ranei
a Ngapuhi? He aha koe i haere mai ai ki konei patu pakeha
ai? He aha te hara o te pakeha ki a koe? Tenei tau!" Ka
whakatika ia i tana pu, ka puhia tera, ka mate.

VOCABULARY

Awhina	- Help	Riro	- taken, carried away
heramana	- sailorman		
herehere	- captive	takai, takaia	- to wrap
hokinga	- returning (v.n.)	tama	- son
		tangohia,	
Ingarangi	- England	tangohanga	- taken, taking
iriiri	- to baptise	tau	- year
karamu	- a certain tree	tikanga	- custom
kawanatanga	- government	tinana	- body
ki, kiia	- to say	tupeke	- jump about
kohurutanga	- murder (v.n.)	tuturu	- permanent
ope	- troop, fighting force	wahanga	- division
		whakanuia	- made great
otira	- at the same time	whakatika	- made straight
		whakatongia	- planted
Paremata	- Parliament	whanau	- born
patunga	- beating	whanautanga	- birth
penihana	- pension	Tiati Wirihana	- Judge Wilson
pera	- like that	i haere noa atu	- went casually
pu	- rifle	i muri tata mai	- immediately afterwards
pupuhi, puhia	- to shoot		
rau	- leaves		

CHAPTER XVIII

Exercise No. 9

"No hea enei tangata, no Rotorua ?"

"Kahore, ehara ratou i Rotorua, engari no Tauranga."

"Na wai ratou i karanga kia haere mai ki konei ?"

"E kore ahau e mohio, na to tatou rangatira pea."

"Tokohia ratou i haere mai ?"

"Haua, e rua tekau pea."

"Ko wai to ratou rangatira ?"

"Ko Titore, no Whakatane tera tangata, he rangatira no te hapu o te Whanau-apanui, he tangata pai hoki aroha ki tona iwi."

"He aha te putake o ta ratou haere mai ?"

"E kore ahau e mohio, engari ki toku whakaaro, e haere mai ana ratou ki te mau mai i nga tamariki a Titore ki konei noho tuturu ai."

"He mea pai tena mo tatou katoa."

"Karangatia nga manuwhiri ki te kai, kia mutu, ka korero ai tatou."

"Kei hea a tatou tamariki hei powhiri, tikina atu ratou ki konei."

Te powhiri tuatahi na Te Ikaroa, ko ana korero enei :—

"Haere mai, haere mai, haere mai ! haere mai e te manuwhiri tuarangi, kanui to matou hari kua tae mai koutou. Mauria mai te aroha me te maungarongo. Tena koutou i nga wairua o te hunga kua moe. Mauria mai a tatou tamariki ki konei noho tuturu ai, hei tohu mo te maungarongo me te rangimarie. Kua mutu i naianei nga pakanga i waenganui i nga iwi Maori, na te Rongo Pai i whakamutu. Kei konei o koutou hoa, o koutou whanaunga, kaua e wehi ki te korero i o koutou whakaaro, kei a koutou pea nga take e puta mai ai he painga mo tatou katoa, na reira, haere mai, haere mai, haere mai. Tena ra ko koutou."

I konei, ka whakatika atu nga manuwhiri, ka waiata, ka haka.
Ka mutu, ka tu atu to ratou rangatira a Titore ki te whai-
korero :—

"E te iwi, e te marae nei, karanga mai ki a matou kua tae
mai nei. Tena koutou! Tenei matou te haere mai nei ki te
mau mai i te aroha i te rangimarie. Tena koutou i o tatou
aitua."

I konei ka timata a Titore ki tana "Patere" ka hopu ake tana
iwi, ka pai te whakarongo a te tangata-whenua. Ka mutu, ka
haere katoa ratou ki roto ki te whare.

VOCABULARY

Aitua	- Accident or death	Pakanga	- War
		patere	- chant
haere mai !	- greetings !	pea	- perhaps
haka	- dance	putake	- subject matter, solution
hapu	- sub-tribe		
hari	- joy		
haua	- I don't know	puta mai	- come out of
hopu	- catch, seize	rangimarie	- calm
marae	- courtyard, or meeting-place for the tribe	Rongo Pai	- Gospel
		tangata-whenua	- home people
		tohu	- preserve
maungarongo	- peace-treaty	tuarangi	- lordly, highly respected
moe	- sleep		
mohio	- know	waenganui	- between
na reira	- therefore	waiata	- song
nei	- here	wairua	- spirit
painga	- goodness or benefit	whakarongo	- to inform, cause to hear

Tena ra ko koutou - a special form of greeting to respected
    or highly esteemed persons.

Tena koutou i o tatou aitua - greetings in remembrance of
    our dead.

CHAPTER XIX

Exercise No. 10

A long time ago the ancestors of the Maori came to New Zealand from Hawaiki. They sailed across the sea in strong canoes. For many years they journeyed from one island to another in the great ocean, sometimes building villages and making homes in these places. But always there were great chiefs who travelled further, followed by their tribes. At last a large number set forth in strong, well-built canoes, and came to this land where they decided to stay permanently. Here they lived, each tribe in its own part of the country, for many hundreds of years, until the white man came. All Maoris of rank can trace their descent from the original canoe in which their ancestors came.

VOCABULARY

Haere tawhiti	- travel far	No muri	-	At last
hanga	- build	rere haere	-	journey (on
kiri ma	- white skin			the sea)
maroro	- strong	rere mai	-	sail (verb)
motu,	- island	whai-muri	-	follow after
moutere		whakapapa	-	family tree
				(genealo-
				gical table)

Exercise No. 11

The old time Maori lived in villages which were usually built on a hill. They were a war-like people, and would often raid villages of other tribes. The young men of the tribes were trained to be good warriors, and they were also taught the tribal history by their chiefs. Each day they were given work and exercises which would develop their minds and bodies, and they grew to be magnificent men. The life of the village was well-ordered, and a high standard of culture and intellect was attained by the people through the system of education. Their descendants of today still possess the qualities which made their ancestors a noble people. In the past they were a worthy and brave foe of the white man, now they are sincere and worthy friends.

VOCABULARY

Ako,whakaaho -	teach, train	Tikanga	-	noble
marohirohi	- strong	rangatira		(princely
	efficient			ways)
matauranga	- mind,	toa ki te		
	intellect	whawhai	-	warlike
tai-tamariki	- young men	uri	-	descendant

Ka piki haere tonu te mohio - the knowledge gradually increased.

(a high standard of culture and intellect was attained).

Exercise No. 12

Samuel Marsden preached his first sermon in New Zealand on Christmas Day, 1814, at Oihi, Bay of Islands. A Monument now stands at the place where the service was held.

Samuel Marsden was greeted upon his arrival by the chiefs Korokoro, Ruatara, and Hongi, who were waiting with their people at the place which had been prepared for the service. The Maoris, led by their chiefs, assembled quietly behind the white people.

The service began with the singing of the 100th Psalm, and the preacher spoke on the words from Luke, Chapter 2, verse 10, "I bring you good tidings of great joy."

Some of the Maoris did not understand Marsden's words, and Ruatara, who had travelled to England and understood the language, said he would translate it to them afterwards.

It was a joyful experience for the white people who were there, to witness this gathering of Maori people, eager to learn the news of the Gospel.

Vocabulary

Aotearoa	-	New Zealand	Rarangi	- text, verse
Hamuera	-	Samuel	reo	- language
Matenga		Marsden	Ruka	- Luke
hihiko	-	eager	upoko	- chapter, head
karakia	-	service	whakamaharatanga	-
kauwhau	-	sermon		memorial
Kirihimete	-	Christmas	whakamaori	- translate into
Pewhairangi	-	Bay of		Maori
		Islands		

CHAPTER XX

ADDITIONAL PASSAGES FOR TRANSLATION
ENGLISH INTO MAORI

1. Muru

In the old times, when the white man first came to this country, the Maoris had a certain custom called Muru. If a child fell into the fire, or got badly hurt, all the relations and friends of the father of the child would go to his dwelling and rob him of his property. The father would not be angry at this, but he would be sorry if he was not robbed by his friends. The reason for this custom is not known. It is said by some that Muru was a punishment for a man's carelessness.

2. The Cat and the Mice

Every day one mouse was being killed and eaten by the cat, until the mice were very distressed. A great meeting of mice was called. After much talk all agreed that they should find a way to warn them when the cat was coming. One young mouse suggested fastening a bell to the cat's neck. A committee was chosen to do the work, but until now they have not found any mouse willing to undertake it.

3. Kind Assistance

A Custom's Officer one day saw a man slowly walking along a path by the seashore, carrying a small barrel on his back. It seemed as if the man was trying to keep out of the Officer's sight. This made the Officer think that the barrel contained spirits, and that the man had not paid duty on them. The Officer went up and asked him what was in the barrel. "Brandy," replied the man. The Officer said "Then you must come with me to the Custom-house," and he took the barrel from the man and carried it on his own back. When they had travelled three miles, they came to a crossroad. Here the man said to the Officer "You may now give me my barrel. That is my house standing over there." The Officer said "But you must come with me, so that I can find out whether the duty has been paid or not." The man replied "That is too far for me to walk, but I have the receipt for the duty here." He took the receipt out of his pocket, and showed it to the Officer. The Officer looked at it and said, "Yes, this is quite correct, but why did you not show it to me before?" The man replied, "Because if I had done that, you would not have carried the Brandy home for me!"

4. The Kauri and the Raupo

One night there was a great storm. A noble Kauri tree was uprooted and blown to the ground, with a crash that could be heard far away down in the valley. The next day, as the Kauri lay across a little swamp, it saw the Raupo standing healthy and strong close at hand. The Kauri said, "Alas, Raupo, how is it that you weak plants are safe, while we immense kings of the forest are torn up by the roots and dashed to the ground?" The Raupo said, "There are two reasons. The first is that we are satisfied growing in a lowly position at the bottom of the valley, in places not reached by the fierce winds, where we are not touched. The second is that when winds do come we know not to stand up and fight against them as you do, but we bend to their will; therefore they pass on without doing us any harm."

5. His Visits were too Frequent, and Lasted too Long

A certain man was in the habit of making his visits to his friends far too long, until everybody thought him a nuisance. One man told his servant that if the man arrived again, not to let him into the house. Next day this troublesome person arrived. He knocked at the door, and asked if his friend was at home. The servant said, "No, he has gone out." The visitor said, "Well, I must see my friend's wife, for I have a message for her." The servant said, "She has gone out too." "Then I had better wait till she comes home. As I am cold, I will sit by the fire." The servant replied, "You cannot do that, for the fire has gone out also!"

6. The Blind Farmer

An old farmer was blind, but he went about all parts of his village without a guide. One dark evening his daughter was taken very ill, and there was no one but the old man at home with her. He therefore had to go out alone to get the Doctor. He took a lantern and went down the road. On the way a friend met him. The friend said to him, "I always thought you were a sensible man, but now I see that you are becoming silly, for although you are quite blind, you carry a light. What is the use of the light to you?" The old man said, "I am not as foolish as you think; I do not carry the light for myself, but for people like you, so that you will see me and get out of my way!"

(The following three passages are extracts adapted from broadcast talks on the Maori Battalion, prepared and given by K. T. Harawira).

7.

The Maoris of the First War were of good physique, big, tall, many of them over six feet in height, and strong. When they met the enemy, they seized their weapons, and forgot the things taught them by the Sergeant-Majors.

As for the men of the Second War, they did not compare with those of the First War in size, height, and strength of body. But, as regards their education, it was much more extensive in the men of the Second War. But in the matter of fierceness, one was not better than the other, for the same blood was in the veins of these as well as those.

8.

I remember the first days the men arrived at the Camp, some of them very nervous, with clothes and hats like American cow boys. Some of them in their working clothes. Such were the people who came to assist in the fighting, in the trains bound for the Camp. When they arrived, their names were not found on the lists of those due to come. The Maori characteristic was evident in that way. Some were sent back, and some were allowed to be examined by the Doctor and permitted to remain.

9.

In the First War, the first Battalion were not allowed to return frequently to their homes before going away from New Zealand. Although some went, but they ran away (cleared out). A certain company purposely dressed themselves, fastened their bayonets, and marched under their Sergeant. When they arrived at the gate leading outside, the Sergeant of the Guard mistook the party for an official one going out to look after the soldiers when they went into the town in the evening. When they went out, the party went straight to the train, to return to their homes, but they did not forget to wire to the C.O. of the camp that they had gone home. They returned the same way as they had gone, and went straight to the C.O. to report that they had returned. The C.O. asked one question of them, "Do you want to go to the war?" The Sergeant replied, "Yes, we want to very much!" As these men had all reassembled, they only forfeited their pay for the days lost.

MAORI INTO ENGLISH

1. Te Maki me te Tohora

He Maki nui ta tetahi heremana i runga i tona kaipuke. Ka pakaru te kaipuke, ka hoe nga heremana i runga i nga poti, engari kahore i mauria e ratou te Maki. Ka totohu te kaipuke ka teretere noa iho ia i runga i nga ngaru. Ko tetahi Tohora e haere noa ana, ka kite i te Maki ka whakaaro he tangata. Ka aroha te Tohora ki te Maki, ka uta i a ia ki runga i tona tuara, ka mauria ki te tuawhenua. Kahore i roa, ka kite atu te Tohora i Ruapehu e tu mai ana i tawhiti; ka mea ake ki te Maki, "E mohio ana ra koe ki Ruapehu ne?" Ka whakahokia e te Maki, "Ae, e tino mohio pai ana ahau kia Ruapehu, ko tona whaea te kai-horoi mo matou." No tenei korero kuare, ka ruia e te Tohora tana pikauranga ki roto i te moana, ka ata titiro atu, ka kite atu ehara i te tangata tana e mau haere ra. Katahi ka ruku ki raro i nga ngaru, mahue iho te Maki wairangi ki tona mate.

2. Te Airihi me te Hoia Mate

I mua noa atu ka hinga tetahi parekura nui. He maha nga taotu e takoto ana i te pae o te pakanga. Ko tetahi he Airihi i poro te waewae. I tona taha tetahi hoia ano, he kino tona tu, he aue tonu tana mahi i te mamae. He roa te Airihi nei e whakarongo ana, katahi, ka karanga atu, "E hoa turituri, ki tou whakaaro, kahore ano te tangata i mate noa ko koe anake?"

3. Te Kauri

He aha te ingoa o tera rakau teitei? Ataahua ana ki te titiro atu. Titiro ki te roa o te tinana me te ataahua o nga rau ririki. He aha era i runga i nga manga? Ano he heeki kakariki. Ko tera rakau he Kauri, ko nga mea kakariki he hua. Taro ake nei ka tuaina te rakau e nga tangata ki a ratou toki, kani hoki. Ka poroporoa hei tuporo, ka takahuritia iho i te puke ki roto i te awa. Ki te haere mai te ua, ka ki te awa i te wai, ka tere nga rakau ki te mira i te taha o te awa. I te mira ka mahia hei papa, ka hokona ki nga tangata hei hanga whare.

4. Maha Ringaringa, Mama Mahi

Tokorua nga Airihi i haere ki Ranana ki te rapu mahi. No te ata mai ano i haere raro ai. I te ahiahi ka whakatata raua ki tetahi taone ka kite raua i tetahi tangata e keri ana i tana kari i te taha o te rori. Ka ui atu raua pehea te tawhiti ki Ranana. Ka whakautua e te tangata ra, "E rua tekau maero." Ka mea atu tetahi o nga Airihi nei, "Tino tawhiti tena, e kore maua e tae ki Ranana i tenei po." Ka mea atu tetahi, "Ha ka tae noa atu taua ki Ranana i tenei po, ina hoki e tekau ano maero ma tetahi ma tetahi o taua e haere ai."

5. Taku Mo Tau

Tera tetahi tangata tino hiahia te haere runga hoiho. I tetahi wa i a ia e haere kanui te maku. I te tino kaha o te ua, poteretere ana raua ko tana pononga i te maku. I te awatea ka noho raua i tetahi hotera. I te ata tu ka oho ake te tangata nei, ka kite kua paki, ka karanga i tona pononga kia whaka-tikatika i o raua hoiho, a kia mauria atu hoki ana puutu. Ka

tono ia i tetahi parakuihi. E tata ana ia ki te kai ka uru mai
te pononga me ana puutu, engari kahore ano kia horoia. Ka
mea atu ia ki te pononga, "He aha koe i kore ai e horoi i aku
puutu ?" Ka whakautua e te pononga, "Kahore ahau i kite he
aha te take i horoia ai, i te mea i runga i enei rori paruparu,
hawhe haora ano kua paru katoa." Ka titiro atu ia ki tana
pononga, ka mea atu, "He matauranga tena, kaati tikina atu o
taua hoiho, ka haere taua. "Kahore i roa ka hoki mai te pononga
me nga hoiho. Ka ki atu te tangata nei, "Haere tonu atu taua
i naianei." Ka ki atu te pononga, "E Ta, kahore ano ra ahau
i parakuihi." Ka mea atu te tangata nei, "Kahore noa iho ou
take i parakuihi ai, ki te kai hoki koe i naianei e kore e roa kua
hiakai ano."

6. Te Ope Maori

I te taenga o te ope Maori ki Malta, ka tae mai te Kawana o
taua whenua ki te mau mai i te korero a te Kawanatanga o Niu
Tireni mo ta matou tono kia tukua matou ki te whawhai i
Karepori. Ko te korero tenei :—Kei te tangata ano te tikanga,
ki te kore ia e hiahia, e kore ia e taea te muru noa atu. Ka patai
te Kawana ki te ope, "Nga mea e hiahia ana ki te haere ki
Karepori, kotahi hikoi ki mua." Kore rawa he tangata i tu,
hikoi katoa. Ka pohehe te Kawana tena pea he kuare no matou
ki te reo pakeha, ka haere atu ki a Te Rangihiroa kia whaka-
maoritia taua korero. Ka whakamaoritia, ko taua ahua ra ano.
E rua ra i muri mai ka haere matou ki Karepori.

APPENDIX

KEY TO EXERCISES

Exercise No. 1

1. Nga potae hou.
2. He whare nui tena (tera).
3. He pukapuka pai tenei.
4. He rohi tawhito tena (tera).
5. Tenei potae, ena potae.
6. He hoiho ma tena.
7. He potae iti tenei.
8. This is an old book.
9. Auckland is a big town.
10. Those are sheep.
11. The man is there (by you).
12. The books are over there.
13. If you work in that manner it will be bad.
14. This tree is like that, near you.

Exercise No. 2(a)

1. This is he.
2. Give me my book.
3. This child is his.
4. His is a good tree.
5. This canoe belongs to us (you and me).
6. Give me our (your and my) book.
7. These clothes belong to us, (him and me).
8. Give me our (his and my) book.
9. This dog belongs to you (two).
10. That child belongs to them (two).
11. Their child (two of them).
12. This work belongs to us (you two and me).
13. Fetch our (your and my) canoe.
14. That house is for you (plural).
15. Those clothes are for them. (plural).
16. This book belongs to me.
17. These trees belong to you.
18. That house is for him.
19. We (you and I) go to Tauranga.
20. These dogs are for us (you and me).
21. Give us (him and me) the canoe.
22. This house is for you (two).
23. Give those for us (him and me).
24. Is that your (two) child?

25. These spears are for them
    and me.
26. We (you and I) go to
    Rotorua.
27. That work is for us (them
    and me).

28. These trees belong to you.

29. Those trees belong to them
    (plural).

30. For whom are these hats?

Exercise No. 2(b)

1. Homai tona potae.
2. Moku tenei waka.
3. No taua tera whare.
4. Homai ta raua pukapuka.
5. Ma tatou tera mahi.
6. Na ratou ena tao.
7. Tana kuri tena (tera).
8. Tau kuri tera.
9. Tou potae tera?
10. No matou tenei waka.
11. Tikina ta koutou kau.
12. No matou enei kakahu.

Exercise No. 3(a)

1. The men of Rotorua.
2. These are Turi's parents.
3. Give the white fowls for
   them.
4. We go by way of Tau-
   ranga.
5. Who had Turi's spear?
6. Who has Hine's hat?
7. The lament will be at
   Tauranga.
8. The men inside the house.
9. On a little steamer.
10. From her brother.
11. To Manaia's elder brother.
12. These children belong to
    Turi.
13. Rupe's children are very
    well.
14. That new hat is for this
    woman.
15. The spear was seen by John.
16. John had it.
17. The meeting is at Rotorua.
18. Let us go to Rotorua by
    way of Tirau.
19. These canoes are from Tau-
    ranga and Maketu.
20. The children are on top of
    the hill.
21. Stones from in the river.
22. Give a book to the younger
    sister of John's wife.

Exercise No. 3(b)

1. Na wai enei hipi?
2. Ma maua.
3. Ki a taua.
4. He whare noku.
5. Homai tau pukapuka.
6. Na Turi tera mahi.

7. Mauria mai he kowhatu i te awa.
8. Na te tangata no Tauranga.
9. Ko Purei te ingoa o tera tangata pai.
10. No te whare o wai?
11. Ki ona matua.
12. Ki runga ki te whare.
13. I roto taua i te whare.
14. Ma Hone nga hipi kei runga kei te puke.

Exercise No. 4(a)

1. He is the man who came from Tauranga.
2. Give me this child's books.
3. Fetch some trees for your house.
4. That is their canoe by which they came from Hawaiki.
5. That is a good man for the speech.
6. These children belong to our place.
7. Where have these children come from?
8. Which trees are for you?
9. Bring my spears to this place.
10. By your good works your name was great.
11. The growth of his trees is very good.
12. Fetch their sheep.
13. This work belongs to him and me.
14. Those trees are for us (plural).

Exercise No. 4(b)

1. Hoatu ki a Turi taku tao.
2. Kia kaha ki tau mahi.
3. Hoatu tana aroha ki nga tangata o Tauranga.
4. Hoatu oku waka mo raua.
5. He kakahu hou ou?
6. To ratou whare tena.
7. No taua tenei whare.
8. Kei hea te whenua mo tatou?
9. I hoatu aku tao ki a ia.
10. Homai he kai ma tenei tamaiti.
11. No raua tenei whare.
12. A ratou hipi ena.
13. No maua tena whenua.
14. No tatou enei potae.
15. Hoatu to korua waka mona.
16. Na koutou ena tamariki.

Exercise No. 5(a)

1. These are the friends of Ripi and Hine.
2. It was said to me our village will bè burnt.
3. Paddle our canoe.
4. Who gave those trees for Turi and his friends?
5. Where is Thomas's house?
6. I think at Tirau, at that place are his parents and his people.
7. Kahukaka was saved because she was Ngapuhi.
8. This water is shallow, and how shall we land on the shore?
9. It is beginning to rain.
10. Tomorrow we go to Paihia.
11. The paddlers of Kupe's canoe are strong men.
12. If a woman comes to seek me, tell her I have gone to Tauranga.

Exercise No. 5(b)

1. Me tatari tatou ki o tatou hoa.
2. He arawhata pai atu tenei i tena.
3. Te whare pai rawa tenei o nga whare katoa.
4. Te tere o nga waka o Ripi me ona hoa.
5. Tikina he wai mo Hemi raua ko Meri.
6. Kua wareware ahau ki tou ingoa.
7. E haere ana koe ki hea?
8. A te taenga o nga manuwhiri, ka powhiritia ratou.
9. I mea atu ia ki te wahine, "E whiti ana te ra."
10. He whare ano hoki to taua.

Exercise No. 6(a)

1. Ehara tenei i a Hone.
2. Ehara tenei i te pukapuka pai.
3. Ehara era rakau i a ia.
4. Kahore te whenua e maku ana.
5. E kore tatou e haere aianei.
6. E kore nga tamariki e haere aianei.
7. Kahore te tohunga i roto i te whare.
8. Kihai i tuaruatia tana patai ki au.
9. Tokohia nga tangata e haere mai ana?
10. E hia ana pukapuka?
11. Kahore ratou i haere takitahi, engari tokotoru i te wa kotahi.

12. Ehara i a Kupe tena kuri.
13. Ehara ia i taku matua.
14. Ehara tena whare mou.
15. Kahore he koti o Hone.
16. Kahore i mauria mai e ratou he hoiho.
17. E kore matou e hoki mai apopo.
18. Kaua e korerotia ki a ratou.
19. Kahore ano ahau i kite I nga kuri e toru.
20. Tokoiwa nga tangata e haere mai ana i Tirau.
21. E rua tekau ana pukapuka e toru tekau ma rua a tona tuahine.
22. E kore ia e haere mai i te whare tuawha, engari ka haere mai ia i te whare tuawhitu.

Exercise No. 6(b)

1. This is not Rupe.
2. Do not let the lament be at Tauranga this day.
3. That is not he.
4. The men did not assemble yesterday
5. He is not a younger brother of yours.
6. They did not return.
7. Do not call loudly.
8. I did not lead him twice.
9. Which one? The thirtieth.
10. We are many. How many? Seven.
11. Fetch some canoes, three of them. How many? Three of them.
12. That is not Hine's canoe.
13. Ripi has not the shoe.
14. That is not a good tree.
15. I will not lead Ripi.
16. Those kumaras do not belong to them.
17. Those dogs are not for John.
18. The women have not yet eaten.
19. Do not lead John and Mary.
20. How many? Two, four, six.
21. We saw some dogs. How many? Eight.
22. I do not know.

Exercise No. 7

A certain ancestor from the past named Toi, went to seek his grandson Turahui, who was lost out at sea. Toi called his men to assemble, and said:— "O people, listen to me; my child Whatonga and my grandson Turahui, are lost; we go to the south to seek for them. My love for my grandson is very great,

make the canoes strong for the journey on the great sea." When
he had finished speaking, he asked his people, "How do you
receive my words?" The people called, "Yes, we will come."
They numbered three hundred, men and women; no children.
Their journey began from Hawaiki, they arrived at Rarotonga,
Pangopango, Samoa. This was his speech at Rarotonga :—
"If a man comes to seek me, say to him, I have gone to Aotea
to seek my children. If I do not arrive there, I am lost at sea."
A long time they journeyed, and arrived at Tamaki.

Exercise No. 8

Tamati Wake Nene was a very great chief of the Ngapuhi.
A good friend of the Pakeha till the day of his death. He was
great to both peoples, Maori and Pakeha. Some words were
spoken of him by the English Parliament. In the fight with
Hone Heke in the year 1845, he was on the side of the Pakeha.
For his help to the Pakeha, the Government gave him a pension
of £100 a year.

Tamati Waka Nene was a son of Tapua, a chief of Ngaitiaho
of Hokianga. While he was still young, he went together with
the fighting troops of his people. Patuone was his elder brother.
These two men were good friends of the Pakeha.

The ancestors of Nene were Nukutawhiti and Ruanui.
Mamari was their canoe by which they came from Hawaiki.
It is a custom of the Maori, at the birth of a male child, to wrap
the body in karamu leaves when he is being baptised by the
priest, to take some part of that karamu, and plant it in the
ground. If it grows, the child will be a brave. It was said that
Nene's birth was like that.

As Nene grew up, it was seen that the words spoken of him
at his baptism were true. He was one of the chiefs on the side
of Hongi Hika at the killing of the people of Hauraki, and the
taking of their pa at Totara. Afterwards Nene went with a
Division of Ngapuhi to the fight against the people of Taranaki,
killed the people of that place, and some were made captive by
them and brought to be slaves.

At the same time he went together with Te Rauparaha to
Kapiti to kill those people. Judge Wilson had a talk with Nene
after the massacre of the sailormen of the "Hawes" at Whaka-
tane in the year 1829, by a certain man, Ngarara, and his
friends. One of them from Ngapuhi went casually to Whaka-
tane to see that place, but his home was at Maungatapu in
Tauranga; his wife was also of that place. When this man
returned from Whakatane to Maungatapu, Nene was there.
Nene began to speak to the man, and to jump about also; these
were his words :—"And do Ngapuhis kill Pakehas ? What have
you come here for, to kill Pakehas ? What is the sin of the
Pakeha to you ? This is yours." He straightened his rifle, and
shot him, dead.

<h3 style="text-align:center">Exercise No. 9</h3>

"Where are these men from, from Rotorua ?"
   "No, they are not from Rotorua, but from Tauranga."
"Who called them to come to this place ?"
   "I do not know, our chief perhaps."
"How many of them have come ?"
   "I do not know, twenty perhaps."
"Who is their chief ?"
   "Titore, he (that man) belongs to Whakatane, a chief of the
   sub-tribe of the Whanau-Apanui, a good man who loves
   his people."
"What is the reason for their coming here ?"
   "I do not know, but I think they have come to bring Titore's
   children to stay at this place."
"That is a good thing for us all."
   "Call the visitors to dine, at the finish we will talk."
"Where are our children to welcome them, fetch them here."

   The first welcome is by Te Ikaroa, these are his words :—
   "Welcome, welcome, welcome ! welcome to the highly
respected visitors, we are very glad you have arrived. Bring
hither love and the peace-treaty. Greetings to the spirits of
the people who sleep. Bring our children to this place to stay,

as a sign of the peace-treaty and the calm. The wars between the Maori people have finished now, the Gospel has ended that. Here are your friends and your relations, do not be afraid to speak your thoughts, perhaps from your subject will come something of benefit for us all, therefore welcome, welcome, welcome. Greetings to you."

Here the visitors stood forth and sang and danced. At the end, their chief Titore stood up to make a speech :—

"O people, O marae, call to us who have arrived here. Greetings ! We have come here to bring you love and the peace-treaty, Greetings from our dead !"

Here Titore began his "chant," his people caught it up, it was enjoyed by the home-people. At the end, they all went into the house.

Exercise No. 10

I mua noa atu ka haere nga tupuna o te Maori i Hawaiki ki Aotearoa. He tino maroro o ratou waka i rere mai ai i te moana nui. Mo nga tau maha i rere haere ratou i tetahi moutere ki tetahi, hanga kainga ai mo ratou i etahi wa. Engari ko nga tino rangatira nga mea kaha ki te haere tawhiti, me te whai-muri atu ano hoki o ratou iwi. No muri rawa ia ka haere mai ratou i runga i o ratou waka nunui a ka tae mai ki tenei whenua noho tuturu ai. Ka noho ratou i konei, tena iwi tena iwi ki tona wahi o te whenua, mo etahi rau tau i muri mai tae noa mai te kiri ma. E mohio ana nga Maori rangatira ki o ratou whakapapa mai ano i nga waka i heke mai ai o ratou tupuna.

Exercise No. 11

Ko nga kainga o nga Maori o mua i hanga ki runga ki nga puke. He iwi toa ki te whawhai, haere ai i etahi wa ki te whawhai ki nga iwi o etahi atu kainga. Ko nga taitamariki he mea tino whakaako hei toa a, ki nga korero tawhito ano hoki o te iwi. I tena ra i tena ra e hoatu ana he mahi ma ratou kia kaha ai o ratou tinana kia nui ai to ratou matauranga, a ka tupu ake

ratou hei tangata marohirohi. I te pai o nga whakahaere o te
pa, ka piki haere tonu te mohio o te iwi ki nga mahi a nga
tupuna. Ko nga uri whakatupu o enei ra kei te mau tonu ki
etahi o nga tikanga rangitira a o ratou tupuna. I mua he hoa-
riri toa ratou no te Pakeha, i naianei he hoa pai ratou.

Exercise No. 12

I kauwhautia e Hamuera Matenga tana kauwhau tuatahi ki
Aotearoa i te ra o te Kirihimete tau kotahi mano e waru rau
tekau ma wha i Oihi Pewhairangi. Kei reira e tu ana tetahi
kowhatu whakamaharatanga mo taua karakia.

I te taenga o Hamuera Matenga ki reira ka powhiritia e nga
rangatira, e Korokoro e Ruatara e Hongi i reira hoki ratou me
te iwi katoa e tatari mai ana, a kua rite katoa i a ratou nga mea
mo te karakia. Ko nga Maori me o ratou rangatira i tu katoa
mai i muri i nga Pakeha.

I timata te karakia ki te waiatatanga o te kotahi rau o nga
Waiata, ka mutu ka tangohia e te Kai-kauwhau tana rarangi i
te Rongopai a Ruka te rua o nga upoko, tekau o nga rarangi,
"He kai-kauwhau tenei ahau kia koutou i te hari nui."

Etahi o nga Maori kihai i mohio ki nga kupu a te Matenga,
engari ko Ruatara i haere nei ki Ingarangi i mohio ki te reo,
i mea ia mana e whakamaori ki te iwi.

Tino nui te koa o nga Pakeha i reira i to ratou kitenga i te
huihuinga nui o nga Maori, e hihiko ana ki te ako i nga kupu
o te Rongo Pai.

KEY TO ADDITIONAL TRANSLATIONS

ENGLISH INTO MAORI

1. Muru

I nga wa o mua, i te taenga tuatahi mai o te pakeha ki tenei whenua, tera tetahi tikanga o te Maori he Muru te ingoa. Ki te taka te tamaiti ki te ahi, ki te whara kino ranei, ka haere katoa mai nga whanaunga me nga hoa o te papa o taua tamaiti ki tona whare ki te muru i ana taonga. E kore te papa e riri mo tenei mahi, engari ka pouri ki te kore ia e murua e ona hoa. Kahore e mohiotia ana he aha te take o tenei tikanga. Ko etahi e mea ana, ko te Muru he utu mo te whakaaro kore o te tangata.

2. Te Ngeru Me te Kiore Paku

I nga ra katoa kotahi kiore e patua ana e kainga ana e te ngeru, ara ka tino whakatakariri nga kiore. Ka karangatia he hui nui ma nga kiore. I te nui o a ratou korero whakaaetia ana ko te mea ma ratou he rapu i tetahi tikanga e mohiotia ai kei te haere mai te ngeru. Na tetahi kiore iti i ki, me here he pere ki te kaki o te ngeru. Ka whiriwhiria he komiti mo taua mahi, engari tae noa mai ki naianei kahore ano he kiore e pai an ki taua mahi.

3. Mahi Atawhai

I tetahi ra ka kite atu tetahi Apiha o te Katimauhe i tetahi tangata e ata haere ana i te huarahi i te takutai, e waha haere ana i te kaho iti nei i runga i tana tuara. Me te mea nei e hiahia ana te tangata ra kia ngaro atu ia i te tirohanga a te Apiha. Na reira ka whakaaro te Apiha he waipiro kei roto i te kaho, a kahore ano i utua te taake. Ka haere atu te Apiha ka patai atu he aha kei roto i te kaho. Ka whakahokia mai e te tangata ra, "He Parani" Ka mea atu te Apiha, "Kaati me haere tahi mai koe i au ki te Katimauhe," ka tangohia mai e ia te kaho i te tangata ra mana e waha i runga i tona tuara. E toru pea maero e haere ana raua, ka tae ki te wehenga o nga rori. Ka mea atu te tangata ra ki te Apiha, "Kaati whakahokia mai taku kaho, ko toku whare tera e tu mai ra." Ka mea atu te Apiha, "Engari ra me haere mai koe i au, kia mohio ai ahau kua utua ranei e koe te taake kahore ano ranei." Ka mea atu te tangata ra, "He tawhiti rawa tena hei haerenga moku, kei au nei hoki te rihiiti mo te taake." Ka tangohia ake e ia te rihiiti i tana peeke, ka hoatu kia kite te Apiha. Ka titiro te Apiha ka mea, "Ae, kei te tika, engari he aha koe te homai wawe ai kia kite au?" Ka mea atu te tangata ra, "Ko te take mehemea i pena au e kore koe a mau mai i taku parani ki te kainga!"

4. Te Kauri Me te Raupo

I tetahi po ka pa he tupuhi nui. Ko tetahi Kauri rangatira riro katoa ake nga putake ka hinga ki te whenua, nui atu te haruru o tona hinganga rangona mai ana i raro noa atu o te awa-awa. I te ra i muri mai, i te mea e takoto tarapiki ana te Kauri i tetahi repo iti nei, ka kite ia i te Raupo e tu ora ana e tu kaha ana i tona taha. Ka mea atu te Kauri, "Aue, Raupo, he aha koutou nga otaota ngohengohe i ora ai, tena ko matou ko nga Kingi nunui o te ngahere he mea hua tonu ake i nga putake akina iho no matou ki te tupu ki nga wahi papaku o te awa-awa, ki nga wahi e kore e taea e nga hau pukeri, ka kore e pa ki a matou. Te tuarua, ki te pa mai nga hau, e mohio ana matou kaua e tu atu ki te whawhai pena i a koutou, engari ka tuohu atu matou ki ta ratou i mea ai; na reira ka pahure ratou kahore matou i ahatia."

5. He Tino Hono Tonu Tona Haere Mai, He Tino Roa
Tona Noho

Ko te mahi a tetahi tangata he haere kia kite i ona hoa, he noho roa hoki, a ka hoha nga tangata katoa ki a ia. Ka mea atu tetahi rangatira ki tana pononga, ki te tae mai ano taua tangata, kaua e tukua mai ki roto i te whare. Ao ake ka tae mai taua tangata whakahoha nei. Ka patoto i te tatau, ka patai mehemea kei te kainga tana hoa. Ka mea atu te pononga,

"Kahore, kua riro ia kei waho." Ka mea atu te tangata ra, "Kaati, me kite au i te wahine a taku hoa, he korero taku ki a ia." Ka mea atu te pononga, "Kua haere ano hoki ia." "Kaati ra me tatari au kia hoki mai ia. I te mea kei te makariri au, me noho au i te taha i te ahi." Ka mea atu te pononga, "E kore tena e taea, kua haere ano hoki te ahi kei waho !"

6. Te Kai-Mahi Paamu Matapo

Tera tetahi koroua matapo he kai mahi paamu, haere mai atu ia i nga wahi katoa o tona kainga, kahore he kai-arahi. I tetahi po pouri ka pangia tana tamahine e te mate taumaha, ko te koroua ra anake i te kainga. Na reira ko ia anake i haere ki te tiki i te Rata. Ka mau ia i te ratana ka haere i te rori. I te huarahi ka tutaki ki tetahi hoa. Ka mea atu te hoa, "I mahara ahau he tangata whai whakaaro koe, engari i naianei kua kite au e ahua kuare ana koe, na ra ahakoa to tino kapo, e mau raiti koe. He aha te pai o te raiti ki a koe?" Ka mea atu te kaumatua nei, "Ehara ahau i te kuare pena i tau e whakaaro na; kahore au e mau ana i te raiti moku ano, engari mo nga tangata pena i a koe na, kia kite mai ai koe i au kia whakawatea ai i taku huarahi !"

7.

Ko nga Maori o te pakanga tuatahi, he pai te whakatupu o te tangata, te nunui, te roroa, he nui tonu nga mea e ono putu, me te kaha. I te wa i tutaki ai ki te hoariri, kei a ratou ano ta ratou mau patu, ka wareware ki nga mea i whakaakona e nga Haihana Meiha.

Mo nga tangata o te pakanga tuarua, kahore ratou i rite ki o te pakanga tuatahi te nunui, te roroa me te kaha tinana. Engari, mo te matauranga, nuku noa ake to nga tangata o te pakanga tuarua. Engari i te wa o te riri, kahore tetahi i pai ake i tetahi, ko aua toto ra ano kei roto i tetahi me tetahi.

8.

E mahara ana ahau ki nga ra tuatahi i tae mai ai nga tangata ki te puni, mau ana te wehi o etahi, ko nga kakahu me nga

potae rite tonu ki nga "kau-poi" o Merika. Ko etahi ko o ratou
kakahu mahi tonu.   Ko te hunga tenei i piki noa mai i nga
tereina e anga ana ki te puni. No te taenga mai ka kitea kahore o
ratou ingoa i roto i nga rarangi mo te haere mai. Kua kitea
tonutia i reira to te Maori ahua. Ko etahi i whakahokia, ko
etahi i tukua kia tirotirohia e te Takuta e whakaaetia ana kia
noho.

9.

I te pakanga tuatahi, kahore te ope tuatahi i tukua kia
hokihoki ki nga kainga i mua atu i te haerenga atu i Niu Tireni
nei. Otira i haere ano etahi, engari he mea oma noa atu. Tetahi
ropu i ata whakakakahu i a ratou ka whakamau i a ratou
peneti, ka maati mai i raro i to ratou Haihana. Te taenga ki
te keeti e puta ai ki waho, ka pohehe te Haihana o te Kaari
he ropu e haere ana ki te tiaki i nga hoia ina tae atu ki te taone
i te po. Te putanga atu o te ropu ra ki waho, haere tika ki te
tereina, ka hoki ki te kainga, engari kihai ratou i wareware ki
te waea mai ki te tumuaki o te puni kei te haere ratou ki te
kainga. To ratou hokinga mai, pera ano i haerenga atu, i
haere tika ratou ki te tumuaki ki te ripoata kua hoki mai ratou.
Kotahi ano patai a te tumuaki, "E hiahia ana koutou ki te haere
ki te pakanga?" Na te Haihana i whakautu, "Ae, ko to matou
tino hiahia tena." Heoi ano te whakawhiu o te iwi nei, kahore
ratou i utua mo nga ra e ngaro atu ana.

MAORI INTO ENGLISH

1. The Monkey and the Whale

A sailor had a large monkey on board his ship. The ship was wrecked, and the sailors rowed away in the boats, but they did not take the monkey with them. When the ship sank he was left floating on the waves. A whale passing by, saw the monkey and thought he was a man. The whale was kind to the monkey, and took him on his back, and carried him towards the land. Before long the whale saw Ruapehu in the distance, and said to the monkey, "You know Ruapehu, don't you?" The monkey replied, "Oh yes, I know Ruapehu well; his mother used to wash for us." At this senseless remark, the whale shook his burden off into the sea, and took a look at it; he saw that it was not a man he was carrying. Then he dived under the waves, and left the foolish monkey to his fate.

2. The Irishman and the Dead Soldier

Once upon a time a great battle was fought and lost. Many men lay wounded on the battle-field. A certain Irish soldier had his leg shot off. Near him was another soldier, also badly wounded, who kept groaning with pain. The Irishman listened to him for a long time, and then called out, "Do be quiet man, do you think that no one has been killed but yourself?"

3. The Kauri

What is the name of that tall tree? How beautiful it looks! See the long trunk and the pretty little leaves. What are those things on the boughs? They are like green eggs. That tree is a Kauri, and the green things are cones. Shortly men will cut down the tree with their axes and saws. Then they will cut it into logs, and roll them down the hill to the creek. When the rain comes, the creek will be full of water, and the logs will float away down to the mill beside the river. At the mill they will be made into timber, and sold to people to build houses.

4. Many Hands Make Light Work

Two Irishmen were going to London to seek work. They had walked all day long. Towards evening they came near a town, and saw a man digging in his garden close to the road. They asked him how far it was to London. The man replied, "Twenty miles." One of the Irishmen said, "That is a long way, we shall not reach London tonight." The other replied, "Of course we shall reach London tonight, it is only ten miles for each of us to go !"

5. Tit for Tat

There was a certain man who was very fond of travelling on horse back. One time as he travelled it was very wet. It rained so heavily that he and his servant got wet through. In the middle of the day they stopped at a hotel. Early next morning the man awoke, and saw that it was fine, so he called his servant to get their horses ready and bring him his boots. He then ordered breakfast. He was just ready to eat it when his servant entered with his boots, but they had not been cleaned. He said to the servant, "Why haven't you cleaned my boots ?" The servant replied, "I did not think it was necessary to clean them, for on these muddy roads they would be all dirty again in half an hour." He looked at his servant and said, "That is very wise. Now fetch our horses and we will go." Soon the servant returned with the horses. The man said, "Then we will go at once." The servant said, "Sir, I have not had any breakfast." The man said, "It is not necessary for you to have any breakfast, for if you eat now it will not be long before you are hungry again !"

6. The Maori Battalion

When the Maori troops arrived at Malta, the Governor of that land came to bring us word from the Government of New Zealand in reply to our request to let us fight on Gallipoli. The message was this :—Each man is to please himself; if he does not want to go, he cannot be forced. The Governor asked the troops, "All those who want to go to Gallipoli, one step forward." Not one man stood still, all stepped forward. The Governor thought that it may have been that we did not understand the English language, so he went to Peter Buck to translate what he had said. It was translated with the same result. Two days later, we went to Gallipoli.

VOCABULARY

MAORI INTO ENGLISH

The Student of the Maori Language will find a good Dictionary essential, in order that he may study the various meanings of many words and expressions used. This vocabulary is intended as a guide to the exercises in this book only. Where more than one meaning is given for a word, it should be remembered that while the spelling is the same, the vowel sounds may vary in length with the different meanings.

A

Ae	- yes	Aki, akina	- dash
Aha	- what? do what?	Ako	- teach, train
		Akonga	- student, disciple
Ahakoa	- although	Amine	- Amen
Ahatia	- touched, harmed	Ana	- cave, also denotes action when preceded by "e," also his, her in the plural only, no one but
Ahea	- when? (future)		
Ahei	- be able, possible		
Ahi	- fire		
Ahiahi	- evening	Anake	
Ahua	- truly, also appearance, characteristic, result	Anga	- move in a certain direction
		Aniwaniwa	- rainbow
Ahuareka	- amiable, pleasant	Ano	- still, up to now, yet, quite, indeed
Aianei	- now, today, presently	Ao	- become light, daytime
Airihi	- Irishman		
Akarana	- Auckland	Aotearoa	- The Land of the Long White Cloud (New Zealand)
Ake	- ever, forever; also from below upwards		

Apiha	- officer	Ataahua	- beautiful
Apopo	- tomorrow	Ata tu	- just after
Ara	- road, way, also		sunrise
	namely, in	Atu	- away from
	other words		speaker, other
Arahi	- lead	Atua	- god
Arawhata	- bridge	Aue	- alas, (a
Ariki	- chief, first-		lamentation)
	born of family	Awa	- river
Aroha	- love, pity,	Awaawa	- valley
	sympathy	Awatea	- midday
Aru	- follow	Awhi	- embrace
Ata	- early morning,	Awhina	- help
	also		
	deliberately,		
	purposely		

E

E	- by, also Oh !	Enei	- these
Ehara	- not (non-	Engari	- but
	identity)	Era	- those (yonder)
Ehea ?	- which ?	Etahi	- some, certain
	(plural)		(plural)
Ena	- those (by you)		

H

Ha !	- What !	Hanga	- build
	(exclamation)	Hangi	- native oven
Haere	- go		(dug in the
Haere atu	- go away		ground)
Haere mai	- come here, also	Haora	- hour
	a form of	Hapu	- sub-tribe
	welcome	Hara	- sin
Hahi	- church	Hari	- joy
Haihana	- sergeant	Hau	- wind, also
Haka	- a certain dance		corner or angle,
Hamuera	- Samuel		also to strike

Haua	- I don't know	Hoe	- paddle
Hawhe	- half		(a canoe)
He	- wrong, also the	Hoha	- troublesome,
	indefinite		nuisance
	article "a"	Hohonu	- deep
Heeki	- egg	Hoia	- soldier
Hei	- at	Hoiho	- horse
Heihei	- fowl	Hoki	- also—
Heke	- descend,		also return
	migrate	Hokihoki	- return
Heoi	- so then, how-		frequently
	ever, that is	Hoki mai	- come back,
	enough,		return here
	whereupon,	Hokinga	- the returning
	accordingly	Hoko,	- buy, sell,
Here	- tie, fasten	hokona	exchange
	with cord	Homai	- give (me)
Herehere	- captive		bring
Heremana	- sailorman	Hone, Hoani	- John
Heru	- comb	Hono tonu	- continual
Hiahia	- desire	Hopu	- catch, sieze
Hiainu	- thirsty	Horoi,	
Hiakai	- hungry	horoia	- wash, clean
Hihiko	- eager	Hotera	- hotel
Hikoi	- step	Hou	- new
Hine	- girl, used as	Hu	- shoe
	form of address	Hua	- fruit, also to
Hinga,	- fought (and		uproot
hinganga	lost)	Hui	- meeting
Hipi	- sheep	Huihui	- assemble
Hoa	- friend	Huka	- sugar
Hoariri	- enemy	Hunga	- company of
Hoatu	- give (away)		people

I

I	- Particle to denote past tense, also preposition to connect verb with object, also-from	Ika	- fish
		Ike	- high
		Ina	- certainly, of course, to be sure, when, for
		Inaianei	- just now
		Inanahi	- yesterday
Ia	- he, she, him, her, it	Ingoa	- name
		Inoi	- prayer
Iho	- up above, from above, downwards	Iriiri	- baptise
		Iti	- small
		Iwi	- people, tribe
Ihu	- nose		

K

Kaari	- guard	Karakia	- service, prayer, incantation
Kaati	- now then, well, also leave off, cease		
		Karamu	- a certain tree
		Karanga	- call
Kaha	- cask	Karepori	- Gallipoli
Kaho	- strong	Kari	- garden
Kahore	- no, not	Kariki	- Greek
Kai	- food, also signifies "Agent"	Katahi	- now, for the first time
Kai-arahi	- leader, guide	Katimauhe	- Custom-house
Kainga	- home	Katoa	- all
Kaipuke	- ship	Kau	- cow
Kakahu	- clothes	Kaumatua	- old man
Kakariki	- green	Kau-poi	- cow-boy
Kaki	- neck	Kauwhau	- sermon
Kani	- saw	Kawana	- governor
Kanohi	- eyes, face, countenance	Kawanatanga	- government
		Kawe, kawea	- bring, convey
Kanui	- very great	Keeti	- gate
Kapo	- blind	Keri	- dig

Ki	- to say, also full, also to	Korero	- talk, tell, **say**, message
Kino	- bad	Kororia	- glory
Kiore paku	- mouse	Koroua	- old man
Kiri	- skin	Kowhatu	- stone
Kirihimete	- Christmas	Kuare	- ignorant, **mis**understood, foolish, silly
Kite, kitea	- see		
koa	- joy		
kohi	- gather	Kuia	- elderly woman
koi	- sharp	Kura	- school
Kohurutanga	- murder	Kuri	- dog
Komiti	- committee	Kuwaha	- doorway
Konei	- here		

M

Ma	- clean, white— also and his companions, also for	Manawanui	- persevering
		Manga	- branch (of tree or river)
		Mangere	- lazy
Maara	- garden	Mania	- a plain
Maati	- march	Manu	- bird
Maero	- mile	Manuwhiri	- visitor
Maha	- many	Marae	- meeting place of the tribe, courtyard
Mahara	- think upon, remember		
Mahi, mahia	- work, work at, get ready	Marie	- quiet, appeased
		Marohirohi	- strong, efficient
Mahue	- left behind	Matauranga	- mind, intellect, education
Maia	- warrior, brave		
Makariri	- cold	Matapo	- blind
Makawe	- hair of the head	Mate	- dead, death, ill
Maki	- monkey	Matua	- parent
Mamae	- pain	Mau, mauria	- bring
Mana	- authority, influence, prestige	Maunga	- mountain
		Maungarongo	- peace-treaty
		Mau patu	- weapon
Manaaki	- show respect to, bless		

Me	- and, if, also	Moana	- sea, ocean
	used as	Moe	- sleep
	Imperative	Mohio	- know
Mea	- thing, also do,	Mokopuna	- grandchild
	intend, think,	Motu	- island, also to
	say—has		sever or set free
	various	Mua	- before, the
	similar uses		front
Mehemea	- if	Muru	- plunder, wipe
Meiha	- Major		out, forgive
Merika	- America	Muri	- afterwards,
Mira	- mill		the rear
Miraka	- milk	Mutu	- finish, cut short
Mo	- for		

N

Na	- an exclamation	Nau mai	- welcome
	to call attention	Ne ?	- an interroga-
	—Now then !		tive to give
	also by,		emphasis to a
	by way of,		question
	belonging to	Nei	- here, denotes
Naianei	- now, at the		nearness
	present time	Niu Tireni	- New Zealand
Nana	- look, behold	No	- of, from,
	(imperative		belonging to
	only) also Per-	Noa	- until
	sonal Pronoun,	Noho	- sit, stay
	3rd singular	Nui	- big, large
Na reira	- therefore	Nunui	- plural of nui
Nau	- come		

NGA

Nga	- plural definite	Ngarara	- reptile, insect
	article, "the"	Ngaro	- lost
Ngahere	- forest	Ngaru	- wave of the sea
Ngakau	- heart	Ngau	- bite, gnaw

| Ngeru | - cat | Ngohengohe | - weak, soft |
| Ngira | - needle | ngutu | - lip |

O

Oho	- wake up	Ora	- well, alive
Oma	- run	Otaota	- plants
One	- beach	Otiia	- but on the
Onepu	- sand		other hand
Ono	- six	Otira	- but at the same
Ope	- troops,		time, but indeed
	fighting force		

P

Pa	- village, also	Paraoa	- bread, also
	to touch		whale
Paamu	- farm	Parekura	- battle,
Pae	- region, (field),		battlefield
	also lie across	Paremata	- parliament
Pahure	- pass by	Paru	- dirty
Pai	- good, willing	Paruparu	- mud
Painga	- goodness,	Pata	- butter
	benefit	Patai	- ask
Pakanga	- war	Patere	- chant
Pakaru	broken	Patoto	- knock
Pakeha	- foreigner,		repeatedly
	European as	Patu	- weapon,
	opposed to		also to strike,
	Maori		kill
Paki	- fine, (weather)	Patunga	- beating
	without rain	Pau	- consumed
Pangia	- touched (with	Pea	- perhaps
	illness) passive	Peeke	- pocket
	of pa	Pehea	- how, in what
Papa	- father, also		way
	boards, timber	Pena	- do in that way,
Papaku	- shallow		also in that case
Parani	- brandy	Penei	- do in this way,
Parakuihi	- breakfast		in this case,
			like this

Peneti	- bayonet	Poti	- boat
Penihana	- pension	Pouaka	- box
Pepa	- paper	Pouri	- sad, sorrowful, distressed
Pera	- like that, do in that way	Powhiri	- a welcome
Pewhairangi	- Bay of Islands	Pu	- rifle
Pikauranga	- burden	Pukapuka	- book
Piki	- climb, come to the rescue	Puke	- hill
		Pukeri	- violent (as of wind)
Pirau	- rotten		
Po	- night	Puni	- camp
Poaka	- pig	Pupuhi	- to shoot
Pohehe	- mistake	Puta,	- pass through,
Poneke	- Wellington	putanga	go forth
Pono	- true	Putake	- subject matter, solution, reason, root
Pononga	- slave, servant		
Poro	- cut off		
Poroporo	- cut short	Putamai	- come out of
Potae	- hat	Putu	- foot, feet
Poteretere	- dripping wet	Puutu	- boot

R

Ra	- sun, day, also sail, also by way of, also yonder	Rangimarie	- calm
		Rangona (passive of Rongo)	- heard
Raiona	- lion	Rapu	- seek, look for
Raiti	- light	Rarangi	- text, verse, list
Rakau	- tree, wood timber	Raro	- underneath, below
Ranana	- London	Raruraru	- perplexed
Ranei	- or	Rata	- doctor
Rangatira	- Chieftain	Ratana	- lantern
Rangatira- tanga	- Chieftainship, Kingdom	Rau	- leaf, also hundred
Rangi	- sky, heaven	Raumati	- summer

Rauriki	- sow-thistle	Rohi	- loaf
Rawa	- quite, very	Rongo	- hear, also
Reira	- there, that		tidings,
	place, (already		report, news
	mentioned)	Rongoa	- medicine
Reo	- language	Rongo Pai	- Gospel,
	words, voice		good news
Repo	- swamp	Ropu	- company
Rere	- sail		(of persons)
Reta	- letter	Roroa	- tall (plural
Rihiiti	- receipt		of roa)
Ringaringa	- hand	Rori	- road
Ripoata	- report	Rui, ruia	- shake off,
Riri	- anger		scatter
Ririki	- little, small	Ruka	- Luke
Riro	- taken,	Ruku	- dive
	carried away	Runanga	- council
Rite	- the same, like	Runga	- the top,
Roa	- long		upwards, above
Rohe	- boundary		

T

Taake	- duty	Tama	- son
Tae	- arrive	Tamahine	- daughter
Taha	- side	Tamaiti	- child
Tahi	- beside,	Tamariki	- children
	together,	Tamati	- Thomas
	also one	Tane	- man, male,
Tahu	- burn		husband
Taihoa	- by and bye	Tangata	- man
Taka	- fall, fall off	Tangata-	
Takahuri		whenua	- home people
Takahuritia	- roll	Tangi	- weep, mourn,
Takai, takaia	- wrap		also sound
Take	- reason	Tango	- take
Takoto	- lie	Tangohanga	- circumstance
Takuta	- doctor	Tangohia	- take from,
Takutai	- seashore		remove

Tao	- spear	Tiati	- judge
Taone	- town	Tika	- straight, right
Taonga	- property, treasure	Tikanga	- custom, rule, plan
Taotu	- wounded man	Tiketike	- height
Tapu	- holy, sacred	Tiki, tikina	- fetch
Tarapiki	- lie across	Tima	- steamer
Taro	- bread (not in common use)	Timata	- begin
		Tinana	- body
Tata	- near	Tini	- very many
Tatari	- wait	Tino	- very
Tatau	- door	Tirohanga	- sight (from titiro)
Tau	- year		
Taua	- that, the aforesaid also a war-party	Tirotirohia	- examine (from titiro)
		Titiro	- look
Taumaha	- serious, heavy	Toa	- brave, also warrior
Tawhiti	- distance		
Tawhito	- old	Tohora	- whale
Tehea?	- which?	Tohu	- preserve
Teina	- younger brother of a male, or younger sister of a female	Tohunga	- priest, expert
		Tokena	- stocking
		Toki	- axe
		Tokomaha	- many, (of people)
Teitei	- tall, high		
Tena	- that (near you)	Tonga	- south
Tenei	- this, here	Tono	- command, order, request
Tenei ra	- this day, today		
Tepu	- table	Tonu	- continue
Tera	- that, (over there)	Toto	- blood
		Totohu	- sink
Te Rangi- hiroa	- Peter Buck	Tu	- stand, also wound
Tere	- swift, also float	Tua, tuaina	- fell, cut down
Teretere	- drift or float	Tuahine	- sister (of a male)
Tereina	- train		
Tiaki	- guard		

Tuakana	- elder brother of a male, elder sister of a female	Tungane	- brother (of a female)
		Tuohu	- stoop, bow
		Tupeke	- jump about
Tuara	- back	Tuporo	- logs
Tuarangi	- lordly, highly respected	Tupu	- grow
		Tupuhi	- storm
Tuawhenua	- mainland	Tupuna	- ancestor
Tuhituhi	- write	Ture	- law
Tukua	- allow, permit	Turituri	- noisy
Tumuaki	- leader (in this case, Commanding Officer)	Turu	- stool, chair
		Tutaki	- meet
		Tuturu	- permanent

U

U	- to land	Uri	- offspring, descendant
Ua	- rain		
Uaua	- difficult	Uru	- reach (a place) arrive, enter
Ui	- ask, enquire		
Uira	- gleam, flash, lightning	Uta	- land, as opposed to water
Umu	- native oven (hangi)	Utu	- payment, reward, also answer to reply
Upoko	- chapter, head		

W

Wa	- time, interval	Wahi	- place
Waea	- wire (telegram)	Wahie	- firewood
Waenganui	- between, the midst	Wahine	- woman
		Waho	- out, outside, the open sea, away from land
Waewae	- foot		
Waha	- mouth, also carry on the back	Wai	- water, also who, whom
Wahanga	- division		

Waipiro	- spirits (strong drink)	Wawe	- soon, sooner, before
Wairangi	- foolish	Wehe	- division
Wairua	- spirit, shadow	Wehenga	- cross-road
		Wehi	- afraid, fear
Waka	- canoe	Wera	- hot
Wareware	- forget	Wirihana	- Wilson

WH

Whaea	- mother	Whaka-	
Whai	- follow, pursue, also possessing	orangia	- deliver
		Whakapaipai	- decoration, make beautiful
Whai-korero	- speech		
Whai-muri	- follow after	Whakapapa	- family tree, genealogical table
Whai-whakaaro	- sensible		
Whaka	- towards, in the direction of, also is the causative prefix	Whakapono	- believe
		Whakarongo	- listen, attend to inform
		Whakataka-riri	- vexed, upset
Whakaaetia	- agree, consent, allow	Whakatata	- came near
Whakaako	- teach, train	Whakatika	- made straight
Whakaakona	- taught	Whaka-tikatika	- make ready
Whakaaro	- thought		
Whakahoha	- troublesome	Whakatongia	- planted
Whakahoki, whakahokia	- return, give back, also answer	Whakatupu	- growth, physique
		Whakau, whakautua	- replied
Whaka-kakahu	- dress oneself	Whakawai, whakawaia	- entice, beguile, tempt
Whakama-haratanga	- memorial	Whakawatea	- get out of the way, clear away
Whakamaori, whaka-maoritia	- translate into Maori	Whakawhiu	- reassemble
		Whanau	- born
Whakamau	- fastened	Whanaunga	- relations
Whakanuia	- made great		

Whanau-		Whenua	- land, ground
tanga	- birth	Whiriwhiria	- selected, chosen
Whara	- to be hit, hurt	Whiti	- shine, also
Whare	- house		cross over to
Whawhai	- fight		the other side

PHRASES

Akina iho	- thrown or dashed down	Muru noa atu	- forced, compelled
Ao ake	- early morning	Nuku noa	
Ata haere ana	- walking slowly	ake	- more extensive
Ata mai ano	- since morning	Oma noa atu	- ran away, in
Ata titiro	- look deliberately, carefully		this case, went A.W.O.L.
Haere		Piki haere	- gradually
raro ai	- walk	tonu	increase
Haere runga	- ride on	Piki noa mai	- came to assist
hoiho	horseback		in the fighting
Haere tahi		Raro noa atu	- far below
mai	- accompany	Rere haere	- sea journey
Haere		Tae noa atu	- until
tawhiti	- travel far	Taro ake nei	- shortly
Haere		Tata ana	- very nearly,
tonu atu	- keep on walking		just ready
Hanga whare	- build houses	Tena koutou	- Greetings in
Hua tonu ake	- to uproot	i o tatou	remembrance
I haere		aitua	of our dead
noa atu	- went casually	Tena ra ko	- a special form
I mua atu	- before	koutou	of greeting to
I mua noa	- a long time		a highly
atu	ago, once upon a time		esteemed or respected
I muri mai	- before, until		person
I muri tata	- immediately	Toa ki te	
mai	afterwards	whawhai	- warlike
Kai mahi		Uru mai	- arrived, entered
paamu	- farmer	Waha haere	
Kei te tika	- that is correct	ana	- carrying

VOCABULARY

ENGLISH INTO MAORI

A

Able (be)	- ahei	Answer	- whakahoki
Above	- runga	Appearance	- ahua
Accident	- aitua	Apple	- aporo
Accompany	- haere tahi mai	Approach	- awhi
Aforesaid	- taua	Argue	- totohe
Afraid	- wehi	Army	- ope, taua
Afterwards	- muri	Arrive	- tae
Again	- ano	Ascend	- piki
Against	- ki	Ashore	- ki uta
Agree	- whakaaetia	Ask	- patai, ui
Alas	- aue	Assemble,	
All	- katoa	assembly	- huihui
Allow	- tukua,	Assist,	
	whakaaetia	assistance	- awhina
Also	- hoki, ano	At (place)	- i, hei, kei, ki
Although	- ahakoa	Attend	
Always	- tonu	(listen)	- whakarongo
Amen	- amine	Attempt	- whakamatau
America	- Merika	Auckland	- Akarana
Amiable	- ahuareka	Authority	
Among	- kei roto i	(prestige)	- mana
	i roto i	Awake	- oho
Ancestor	- tupuna	Away	- atu
And	- me	Axe	- toki
Anger, angry	- riri		

B

Back	- tuara	Battle	- parekura
Bad	- kino	Bay of Islands	- Pewhairangi
Bag	- peke	Bayonet	- peneti
Baptise	- iriiri, iriiria	Beach	- one

Beating	- patunga	Branch	
Beautiful	- ataahua	(of tree)	- manga
Before(front)	- m.ia	Brandy	- parani
Begin	- t)mata	Brave	- toa, maia
Belief	- whakapono	Bread	- taro (not in
Bell	- pere		common use)
Belonging to	- no, na, o, a		paraoa
Below	- raro	Breakfast	- parakuihi
Benefit	- painga	Bridge	- arawhata
Beside	- tahi	Bring	- kawe, kawea
Best	- pai rawa		mau, mauria
Better	- pai atu	Broken	- pakaru
Between	- waenganui	Brother	- tuakana (elder
Big	- nui		of a male)
Bird	- manu		tungane (of a
Birth	- whanautanga		female) teina
Bite	- ngau		(younger of
Bless	- manaaki		male)
Blind	- kapo, matapo	Build	- hanga
Blood	- toto	Burden	- pikauranga
Boat	- poti	Burn	- tahu
Body	- tinana	But	- engari, otiia
Book	- pukapuka		(on the other
Boot	- puutu		hand) otira (at
Born	- whanau		the same time)
Boundary	- rohe	Butter	- pata
Bow, stoop	- tuohu	Buy	- hoko, hokona
Box	- pouaka	By	- e, na, taha
Boy	- tane	By and Bye	- taihoa

C

Call	- karanga	Carrying	- waha haere ana
Calm	- rangimarie	Cask	- kaho
Camp	- puni	Cat	- ngeru
Canoe	- waka	Catch	- hopu
Captive	- herehere	Cave	- ana
Carelessness	- whakaaro kore	Certain	
Carry	- kawe, kawea	(some)	- tetahi, etahi

Certainly	- ina	Command	- tono, whakahau
Chair	- turu	Commanding	
Chant	- patere	Officer	- Tumuaki
Chapter	- upoko	Committee	- komiti
Character-		Companions	- ma
istic	- ahua (noun)	Company (of	
Chief	- rangatira	persons)	- ropu, hunga
Chieftainship	- rangatiratanga	Compel	- muru noa atu
Child	- tamaiti	Consume	- pau
Children	- tamariki	Continual	- hono tonu
Christmas	- Kirihimete	Continue	- tonu
Chosen	- whiriwhiria	Convey	- kawe, kawea
Church	- Hahi	Correct	- tika
Circumstance	- tangohanga	Council	- runanga
Clean	- ma (adj.)	Cow	- kau
	horoia (v.)	Cow boy	- kau poi
Clear away	- whakawatea	Cross over	- whiti
Climb	- piki	Cross-road	- wehenga
Clothing	- kakahu	Custom	- tikanga
Cold	- makariri	Custom-	
Comb	- heru	house	- Katimauhe
Come here	- haere mai,	Cut down	- tua, tuaina
	nau mai	Cut off	- poro
Come back	- hoki mai	Cut short	- poroporo
Come near	- whakatata mai		

D

Damp	- maku	Desire	- hiahia
Daughter	- tamahine	Difficult	- uaua
Day	- ra	Dig	- keri
Daytime	- ao	Dirty	- paru
Dash down	- aki, akina	Distance	- tawhiti
Dead, death	- mate	Dive	- ruku
Deep	- hohonu	Divide	- wehe
Deliberately	- ata	Division	- wahanga
Deliver		Dress	
(from evil)	- whakaorangia	oneself	- whakakakahu
Descend	- heke	Doctor	- rata, takuta

Dog	- kuri	Drift	- teretere
Door	- tatau	Dripping wet	- poteretere
Doorway	- kuwaha	Duty	- taake

E

Eager	- hihiko	Enter	- uru
Early		Entice	- whakawai,
morning	- ata, ao ake		whakawaia
Education	- matauranga	Evening	- ahiahi
Egg	- heeki	Ever	- ake
End	- mutu	Evil	- hara
Enemy	- hoariri	Examine	- tirotirohia
Enough	- heoi, kati	Eye	- kanohi, karu

F

Face (coun-		Fish	- ika
tenance)	- kanohi	Float	- teretere
Fall	- taka	Follow	- aru, whai
Family tree	- whakapapa	Follow after	- whai-muri
Farmer	- kai mahi	Food	- kai
	paamu	Foolish	- wairangi
Fasten	- whakamau	Foot	- waewae, putu
Fear	- wehi		(measure)
Fell, cut		Forest	- ngahere
down	- tua, tuaina	Forget	- wareware
Fetch	- tiki, tikina	Forgive	- muru
Fight	- whawhai	Fought	
Fine		(and lost)	- hinga
(weather)	- paki	Fowl	- heihei
Finish	- mutu	Friend	- hoa
Fire	- ahi	Front	- mua
Firewood	- wahie	Fruit	- hua

G

Gale	- tupuhi	Gather	- kohi
Gallipoli	- Karepori	Give	- homai (here)
Garden	- kari, maara		. hoatu (away)
Gate	- keeti	Glad	- hari

Glory	- kororia	Greek	- Kariki
Go	- haere	Green	- kakariki
God	- Atua	Grief	- pouri
Good	- pai	Ground	- whenua
Goodness	- painga	Grow	- tupu
Gospel	- Rongo pai	Growth	- whakatupu
Government	- kawanatanga	Guard	- kaari (noun)
Governor	- Kawana		tiaki (verb)
Grandchild	- mokopuna	Guest	- manuwhiri
Great	- nui	Guide	- kai-arahi

H

Hair	- makawe	Hill	- puke
Half	- hawhe	Hit	- whara
Hand	- ringaringa	Holy	- tapu
Hat	- potae	Home	- kainga
Head	- upoko	Home-	- tangata-
Hear	- rongo	people	whenua
Heard	- rangona	Horse	- hoiho
Heart	- ngakau	Hot	- wera
Heaven	- Rangi	Hotel	- hotera
Heavy	- taumaha	Hour	- haora
Height	- tiketike	House	- whare
Help	- awhina	Hundred	- rau
Here	- nei, konei	Hungry	- hiakai
High	- ike, teitei	Hurt	- whara

I

If	- mehemea	Influence	
Ill, illness	- mate	(prestige)	- mana
Ignorant	- kuare	Inside	- roto
		Intellect	- matauranga
Incantation	- karakia	Irishman	- Airihi
Indeed	- ano	Island	- motu, moutere

J

John	- Hone, Hoani	Jump about	- tupeke
Joy	- koa, hari	Just now	- inaianei
Judge	- Tiati		

K

Keep	- tiaki	Knock (re-	
Kill	- patu	peatedly)	- patoto
		Know	- mohio
Kingdom	- rangatiratanga	Knowledge	- matauranga

L

Lake	- roto	Like	- rite
Lament	- tangi	Like that	- pena, pera
Land	- whenua, uta	Like this	- penei
	(opposed to	Lion	- raiona
	water)	Lip	- ngutu
Language	- reo	List	- rarangi
Lantern	- ratana	Listen	- whakarongo
Large	- nui	Little	- iti, ririki
Law	- ture	Live	- ora
Lazy	- mangere	Loaf	- rohi
Leader	- kai-arahi,	Log	- tuporo
	tumuaki	London	- Ranana
Leaf	- rau	Long	- roa
Left behind	- mahue	Look	- titiro
Letter	- reta	Lordly	- tuarangi
Lie	- takoto	Lost	- ngaro
Lie across	- pae, tarapiki	Love	- aroha
Light	- raiti	Luke	- Ruka
Lightning	- uira		

M

Made great	- whakanuia	Man	- tangata
Made		Many	- maha
straight	- whakatika		tokomaha
Mainland	- tuawhenua	March	- maati
Make		Me	- ahau, au
beautiful	- whakapaipai	Medicine	- rongoa
Make ready	- whakatikatika	Meet	- tutaki
Major	- Meiha	Meeting	- hui
Male	- tane		

Meeting place (of the tribe)	- marae	Misunder-stand	- kuare
Memorial	- whakamahara-tanga	Monkey	- maki
Message	- korero	Morning (early)	- ata
Midday	- awatea	Mother	- whaea
Migrate	- heke	Mountain	- maunga
Mile	- maero	Mouse	- kiore paku, paku
Milk	- miraka	Mouth	- waha
Mill	- mira	Move (in a certain direction)	- anga
Mind (intellect)	- matauranga	Mud	- paruparu
Mistake	- pohehe	Murder	- kohurutanga

N

Name	- ingoa	Noisy	- turituri
Native oven	- hangi, umu	Nose	- ihu
Near	- tata	Not	- ehara (non-identity) kahore
Neck	- kaki		
Needle	- ngira		
New	- hou	Now	- aianei, naianei, katahi
New Zealand	- Niu Tireni		
Night	- po	Now then	- kaati
No	- kahore	Nuisance	- hoha

O

O!	- E!	Old man	- kaumatua, koroua
Oar	- hoe	One	- tahi
Ocean	- moana	Only	- anake
Of	- o, a, no, na	Or	- ranei
Officer	- apiha	Other	- atu
Offspring	- uri	Out, outside	- waho
Old	- tawhito	Oven	- hangi, umu

P

Paddle		Perplexed	- raruraru
(a canoe)	- hoe	Persevering	- manawanui
Pain	- mamae	Pig	- poaka
Paper	- pepa	Place	- wahi
Parent	- matua	Plain	
Parliament	- paremata	(country)	- mania
Pass by	- pahure	Plants	- otaota
Pass through	- puta, putanga	Pleasant	- ahuareka
Payment	- utu	Plunder	- muru
Peace Treaty	- Maungarongo	Pocket	- peeke
Pension	- penihana	Power	
People (com-		(authority)	- mana
pany of)	- hunga	Prayer	- inoi, karakia
People		Preserve	- tohu
(tribe)	- iwi	Prestige	- mana
Perhaps	- pea	Priest	- tohunga
Permanent	- tuturu	Property	- taonga
Permit		Purposely	- ata
(verb)	- tukua	Pursue	- whai

Q

Quantity	- maha	Quite	- ano, rawa,
Question	- patai, ui		tonu
Quiet	- marie, rangi-marie		

R

Rain	- ua	Ride on	- haere runga
Rear	- muri	horseback	hoiho
Reason	- take, putake	Rifle	- pu
Receipt	- rihiiti	Right	
Region	- pae	(correct)	- tika
Relation	- whanaunga	River	- awa
Remain	- noho	Road	- ara, rori,
Remember	- mahara		huarahi
Report	- ripoata	Rob	- muru
Return	- hoki	Rotten	- pirau
Return		Rule	- tikanga
frequently	- hokihoki	Run	- oma, rere

S

Sacred	- tapu
Sad	- pouri
Sail	- ra (noun)
	- rere (verb)
Sailorman	- heremana
Same	- rite
Samuel	- Hamuera
Sand	- onepu
Saw (noun)	- kani
Say	- ki
School	- kura
Sea	- moana
Seashore	- takutai
See	- kite
Seek	- rapu
Selected	- whiriwhiria
Sell	- hoko, hokona
Sensible	- whai-whakaaro
Sergeant	- haihana
Serious	- taumaha
Sermon	- kauwhau
Servant	- pononga
Service (ceremony)	- karakia
Shake off	- rui, ruia
Shallow	- papaku
Sharp	- koi
Sheep	- hipi
Shine	- whiti
Ship	- kaipuke
Shoe	- hu
Shoot	- pupuhi
Shore	- uta
Shortly	- taro ake nei
Sick	- mate
Side	- taha
Sight	- tirohanga
Silly	- kuare
Sin	- hara
Sink	- totohu
Sit	- noho
Sky	- rangi
Slave	- pononga
Sleep	- moe
Small	- iti
Soft	- ngohengohe
Soldier	- hoia
Solution	- putake
Some	- etahi
Son	- tama
Song	- waiata
Soon	- wawe
So then	- heoi
Sound	- tangi
South	- tonga
Spear	- tao
Speech	- whai-korero
Spirit (shadow)	- wairua
Spirits (strong drink)	- waipiro
Stand	- tu
Stay	- noho
Steamer	- tima
Still (yet)	- ano
Stocking	- tokena
Stone	- kowhatu
Stoop	- tuohu
Storm	- tupuhi
Straight	- tika
Strike	- patu, hau
Strong	- kaha, maro-hirohi

Student	- akonga	Sun	- ra
Stupid	- kuare	Swamp	- repo
Sub-tribe	- hapu	Swift	- tere
Sugar	- huka	Sympathy	- aroha
Summer	- raumati		

T

Table	- tepu	Thought	- whakaaro
Take	- tango	Tie (with	
Take from	- tangohia	cord)	- here
Taken	- riro	Timber	- papa
Talk	- korero	Time	- wa
Tall	- roroa	To	- ki
Taught	- whakaakona	Today	- tenei ra
Teach	- ako, whakaako	Tomorrow	- apopo
Tell	- korero	Touched	- ahatia, pa,
That	- tena, tera,		pangia (with
	taua (afore-		illness)
	said)	Towards	- whaka, ki, ko
The	- te, nga	Town	- taone
	(plural)	Train	- tereina
There	- ra, kei reira,	Translate	
	kei ko	into Maori	- Whakamaori
Therefore	- na reira	Treasure	- taonga
These	- enei	Tree	- rakau
Think	- whakaaro	Tribe	- iwi
Thirsty	- hiainu	Troops	- ope
This	- tenei	Troublesome	- whakahoha
Thomas	- Tamati	True	- pono
Those	- ena, era	Truly	- ahua

U

Under,		Up	- ki runga
underneath	- raro	Upset, vexed	- whakatakariri
Understand	- mohio	Up to now	- ano
Unless	- ki te kore	Upwards	
Until	- noa, tae noa	(from	
	atu	below)	- ake, ki runga

V

Valley	- awaawa	Vexed	- whakatakariri
Verse	- rarangi	Village	- pa
Very	- tino, rawa	Violent (as	
Very great	- kanui	of wind)	- pukeri
Very many	- tini	Visitor	- manuwhiri
Very nearly	- tata ana		

W

Wail	- tangi	Where ?	- kei hea ?
Wait	- tatari	Which ?	- tehea ? ehea ?
Wait awhile	- taihoa	White	- ma
Wake	- oho	Who, whom	- wai
Walk	- haere raro ai	Wife	- wahine
Wall	- pakitara	Willing	- pai
War	- pakanga	Wilson	- Wirihana
Warlike	- toa ki te	Wind (air in	
	whawhai	motion)	- hau
Warrior	- maia, toa	Wipe out	- muru
Wash	- horoi	Wire (tele-	
Water	- wai	gram)	- waea
Wave	- ngaru	Wisdom	- matauranga
Way (road)	- ara	With	- me
Weak	- ngohengohe	Woman	- wahine
Weapon	- patu, mau patu	Wood	
Weep	- tangi	(forest)	- ngahere
Welcome		Wood	
(noun)	- powhiri	(timber)	- rakau
Welcome !	- haere mai !	Word	- kupu
	nau mai !	Work	- mahi
Well !	- kaati !	Work at	- mahia
Well (in		Wound	
health)	- ora	(injury)	- tu
Wellington	- Poneke	Wounded	
Wet	- maku	man	- taotu
Whale	- tohora, paraoa	Wrap	- takai
What ?	- he aha ?	Write	- tuhituhi
What !	- ha !	Wrong	- he
When ?	- ahea ?		

Y

Year	- tau	Yesterday	- inanahi
Yes	- ae	Yet	- ano

HIPPOCRENE BEGINNER'S SERIES

The Beginner's Series consists of basic language instruction: vocabulary, grammar, common phrases and review questions; along with cultural insights, interesting historical background, and hints about everyday life.

Beginner's Bulgarian
207 pp • 5 1/2 x 8 1/2 • 0-7818-0034-4 • $ 9.95 (76)

Beginner's Chinese
150 pp • 5 1/2 x 8 • 0-7818-0566-X • (690)

Beginner's Czech
200 pp • 5 1/2 x 8 1/2 • 0-7818-0231-8 • $9.95 (74)

Beginner's Esperanto
400 pp • 5 1/2 x 8 1/2 • 0-0230-X • $14.95 (51)

Beginner's Hungarian
200 pp • 5 1/2 x 7 • 0-7818-0209-1 • $7.95 (68)

Beginner's Japanese
200 pp • 5 1/2 x 8 1/2 • 0-7818-0234-2 • $11.95 (53)

Beginner's Persian
304 pp • 5 1/2 x 8 1/2 • 07818-0567-8 • $14.95 (696)

Beginner's Polish
200 pp • 5 1/2 x 8 1/2 • 0-7818-0299-7 • $ 9.95 (82)
2 cassettes: 0-7818-0330-6 • $12.95 (56)

Beginner's Romanian
200 pp • 5 1/2 x 8 1/2 • 0-7818-0208-3 • $7.95 (79)

www.ingramcontent.com/pod-product-compliance
Lightning Source LLC
Jackson TN
JSHW011405130125
77033JS00023B/848